OBSERVATIONS

SUR

LE DIEU-MONDE

DE

M. VACHEROT ET DE M. TIBERGHIEN,

PAR

L.-A. GRUYER.

PARIS,

LADRANGE, LIBRAIRIE PHILOSOPHIQUE.

Rue Saint-André des Arts, 41.

Décembre 1860.

OBSERVATIONS

SUR

LE DIEU-MONDE

DE

M. VACHEROT ET DE M. TIBERGHIEN.

Bruxelles, imprimerie de M. Hayez.

OBSERVATIONS

SUR

LE DIEU-MONDE

DE

M. VACHEROT ET DE M. TIBERGHIEN,

PAR

L.-A. GRUYER.

PARIS,
LADRANGE, LIBRAIRIE PHILOSOPHIQUE.
Rue Saint-André des Arts, 41.

1860.

OBSERVATIONS

SUR

LE DIEU-MONDE

DE

M. VACHEROT ET DE M. TIBERGHIEN.

Le sujet important mais passablement rebattu qu'ont traité, avec talent du reste, M. Vacherot et, avant lui, M. Tiberghien [1], est l'hypothèse qu'on a toujours désignée, malgré les formes diverses qu'elle a successivement reçues, par le nom de panthéisme. Comme d'ailleurs ils l'ont encore et plus radicalement modifiée, ce nom, disent-ils, ne lui convient plus aujourd'hui.

En tout cas, puisque, suivant eux, Dieu et le monde, de quelque manière qu'ils les envisagent, ne sont en réalité qu'un seul et même être, sous deux différentes dénominations (qui devaient naturellement nous en donner des idées différentes), j'appellerai cet être hypothétique *Dieu-Monde*, pour le mieux caractériser, et je ne pense pas qu'ils puissent y trouver à redire. Ils le nomment eux-mêmes ou Dieu, ou le Monde, ou bien encore l'Être universel.

Ces excellents professeurs, l'un français, l'autre belge, tous deux hommes d'un très-grand mérite, soutiennent exactement, au fond,

---

[1] V. *Esquisse de philosophie morale*, 1854, et surtout *Études sur la religion*, 1857; par M. Tiberghien, et les 200 dernières pages du tome second de *La métaphysique et la science*, 1858; par M. Vacherot.

la même thèse; ils ne diffèrent que dans leurs explications sur quelques points.

Le titre de cet écrit doit faire présumer que mon dessein n'est pas de réfuter ou d'attaquer, encore moins de défendre aux dépens d'une autre, telle ou telle doctrine, soit scientifique, soit métaphysique, soit religieuse. L'objet que je me propose est de signaler les difficultés que soulève une théorie, fort ingénieuse d'ailleurs, qui, du moins au premier aspect, choque le sens commun; de l'exposer le plus clairement qu'il me sera possible, et d'examiner quelques-uns des raisonnements par lesquels on prétend la démontrer.

Objets des observations.

1. Vide. — 2. Atomes. — 3. Dynamisme. — 4. Étendue. — 5. Infini, négatif et positif. — 6. Si l'univers est infini. — 7. Astronomie. — 8. Principes des choses. — 9. Être universel. — 10. Substance, essence. — 11. Ame, Dieu.

12. Attributs métaphysiques de Dieu. — 13. Essence des choses d'après l'observation. — 14. Substances, propriétés, phénomènes. — 15. S'il y a deux substances ou s'il n'y en a qu'une. — 16. Différence entre l'universel et le particulier.

17. Définition de Dieu. — 18. Existence du Dieu-Monde — 19. Démonstration de l'existence de Dieu. — 20. Examen de la démonstration. — 21. Idée de l'infini. — 22. Perfection. — 23. Esprit et Nature. — 24. Perfection d'un tout comparée à celle de ses parties.

I.

Pour établir la théorie dont il s'agit, on se croit obligé de contredire ou de nier simplement des faits reconnus, je dirai si l'on veut, des hypothèses accréditées, depuis longtemps chez les physiciens, telles que celles des atomes et du vide. Est-ce la science ou la métaphysique qui se trompe? C'est ce qu'il ne m'appartient pas de décider.

1. Pour moi, j'admets le vide par deux raisons : la première, c'est qu'il me semble que sans vide du tout le mouvement ne serait pas possible; la seconde, c'est que, si l'espace qui sépare les corps ou

leurs éléments les uns des autres contenait une substance (une substance continue et sans pores), ou si l'espace lui-même en était une, cette substance aurait certainement telles ou telles propriétés, une tout au moins, et cette propriété devrait, dans l'occasion, se manifester à nos sens par quelques phénomènes; or cela n'est jamais arrivé. Cette double difficulté, sur laquelle nous pourrons revenir, n'a point échappé à M. Vacherot. Voici provisoirement comment il la résout.

« Le Monde est un Être.... Donc tout y est substance, mouvement, réalité, même dans ces espaces immenses qui séparent les corps célestes. Le vide est un non-sens.... Le monde, tout infini qu'il est, n'en a pas moins l'unité, non d'un système d'êtres simplement, mais d'un Être organisé. Or, quand vous considérez un de ces individus que vos sens perçoivent, vous trouvez que la distinction du plein et du vide, ou pour parler rigoureusement, la différence de densité ou d'intensité de l'être est la loi même de sa constitution. L'être n'affecte certaines propriétés qu'à un certain degré de concentration; c'est par là qu'il se constitue. » (Page 641.)

Il me semble pourtant que des corps d'une même densité peuvent avoir des constitutions toutes différentes, ou qu'un même corps peut varier de densité sans pour cela changer de constitution, ou de nature, et que les divers degrés de densité supposent eux-mêmes le vide. Mais passons.

2. J'admets aussi les atomes : 1° parce que, si nos moyens d'action nous permettaient de diviser un corps autant et aussi longtemps qu'il serait divisible, il est très-vraisemblable qu'on arriverait finalement à des points matériels absolument simples, ou indivisibles (comme cela paraît avoir lieu dans certains cas, par exemple, dans la vaporisation du mercure); 2° parce que, si ces points matériels n'existaient pas, ou s'ils étaient toujours divisibles, s'il n'y avait pas d'atomes, il y aurait donc des composés sans composants, ce qu'on ne pourrait admettre qu'au prix d'une contradiction; 3° parce que, si les corps, si la matière elle-même étaient divisibles à l'infini, l'attraction moléculaire, supposé qu'elle existe, serait une force sans sujet, une propriété sans substance, ce qui est absurde; 4° parce que, si toutes les particules d'un corps

étaient, non simplement *contiguës*, comme nous pouvons nous les représenter, mais véritablement *continues*, ou si, plus généralement, tous les corps et les espaces qui les séparent ne formaient qu'un seul tout substantiel, sans solution de continuité, sans distinction réelle de parties, on ne voit pas sur quoi se porterait l'attraction, qui suppose nécessairement des parties distinctes et réelles qui s'attirent, ni même comment cette matière continue et s'étendant à l'infini, serait divisible autrement qu'en idée; 5° parce qu'une divisibilité réelle infinie est incompréhensible; 6° enfin, parce qu'elle est indémontrable, et qu'en effet on ne l'a jamais démontrée, si ce n'est en apparence, ou par des paralogismes, en confondant la divisibilité réelle, ou physique, avec la divisibilité mathématique, imaginaire, ou idéale, et en concluant de celle-ci à celle-là. La divisibilité réelle consiste dans la possibilité de séparer, d'écarter les unes des autres des parties qui étaient jointes : opération impossible à exécuter, soit sur les atomes s'ils existent, soit sur des grandeurs abstraites, telles, par exemple, que l'espace et le temps; car on ne saurait écarter l'une de l'autre ni deux parties du temps, ni deux parties de l'espace. Comment donc, si l'espace n'est pas du tout divisible en réalité, bien qu'il soit étendu et, comme tel, divisible à l'infini par la pensée, M. Vacherot peut-il conclure, de cela seul que les corps sont étendus (comme l'espace) qu'ils sont physiquement aussi bien que mathématiquement divisibles à l'infini?

3. Ceux qui nient, avec lui, l'existence des atomes, sans trop savoir pourquoi, sans en alléguer aucune bonne raison, les remplacent par de pures forces, c'est-à-dire par des forces sans sujet, sans soutien, sans substance, par des forces en l'air, lesquelles préexisteraient à la matière, qui ne serait elle-même qu'un effet de ces forces. Celles-ci se réduiraient à deux, l'attraction et une prétendue force répulsive agissant à distance comme la première, mais qu'on ne trouve, du moins évidemment, nulle part. On n'en voit pas le moindre indice dans les phénomènes astronomiques; et quand une répulsion se manifeste sur la terre, elle peut toujours être attribuée, malgré les apparences, à une cause étrangère, agissant au contact, par exemple au principe de la chaleur ou bien à

l'action mécanique de l'air ambiant ou d'autres milieux. J'incline donc à penser qu'il n'existe point de force répulsive proprement dite dans la nature; et par le fait, si toutes les parties de la matière s'attirent, il serait manifestement contradictoire qu'elles pussent se repousser. Cette hypothèse dynamique ne soutient pas l'examen [1]. Elle est d'ailleurs assez inutile; elle n'explique rien, ne peut conduire à rien d'important, et je doute fort que jamais elle fasse faire à la science un seul pas en avant. Les métaphysiciens peuvent bien (contre leur coutume) n'admettre que les faits en rejetant, comme fausses ou douteuses, les causes vraies ou présumées qu'on leur attribue; mais alors le mot dynamisme ne sera rien de plus que l'expression de leur ignorance à cet égard. Il est vrai qu'ils substituent à ces causes (que nous croyons bien être des causes naturelles), ce qu'ils appellent les forces de la nature, sans les distinguer les unes des autres, s'il est vrai qu'ils en reconnaissent plus d'une. Mais, outre que cela ne paraît pas très-bien s'accorder avec ce qui précède, il me semble qu'ils ne font ainsi que remplacer par un terme vague, indéterminé, des termes plus précis, et nous plonger dans une obscurité plus profonde, sans que, sous aucun rapport, nous en soyons plus avancés.

Il est à remarquer que M. Vacherot parle toujours de forces et jamais de causes. Ces deux termes ne sont cependant pas synonymes; car la cause est un genre dont la force (en acte) n'est qu'une espèce. Quand deux phénomènes se suivent, si le second dépend du premier, nous appelons celui-ci *cause*, et l'autre *effet*. Mais on ne pourrait donner au premier phénomène, c'est-à-dire à la cause, le nom de *force*, que dans le cas où l'effet produit serait un changement quelconque dans l'état de mouvement ou de repos d'un corps.

La force peut être envisagée sous deux points de vue, savoir : ou comme propriété, ou comme phénomène, suivant qu'elle est, ou *en puissance*, ou *en acte*; et ce n'est que dans cette dernière circonstance qu'elle devient cause. Mais si toute force en acte est une cause, toute cause n'est pas une force; de même qu'une propriété

---

[1] Voir à la fin, une réfutation du dynamisme, tirée de mes *Essais philosophiques*, et d'autres extraits relatifs à la force en général.

est bien loin d'être toujours une force en puissance, quoique celle-ci soit, en tout cas, une véritable propriété.

Nous ne discuterons pas ici la question, plus profonde, de savoir si telle ou telle substance, si telle ou telle propriété, pour mieux dire, est active par elle-même et dans la rigueur du terme, c'est-à-dire, si elle peut d'elle-même, ou sans autre cause, passer de la puissance à l'acte. C'est de toute façon, comme on le verra dans un instant, ce que l'auteur admet en ce qui regarde la nature ou son *activité* en général, laquelle n'aurait pas besoin de cause pour se manifester par une *action* quelconque.

4. Je partage entièrement l'opinion de M. Vacherot, quand il affirme que l'étendue n'est pas la propriété essentielle des corps; il y a bien longtemps que je l'ai démontré. Mais lorsqu'il ajoute que c'est une propriété de l'espace, je ne puis être de son avis, et cela pour deux raisons : la première, c'est que l'espace, n'étant rien de réel, ou de substantiel, ne saurait avoir aucune propriété; et la seconde, c'est que l'étendue n'est pas une propriété, soit essentielle, soit accidentelle, non plus que la durée, qui peut ici marcher parallèlement avec l'étendue. On pourrait dire seulement que l'étendue et la durée, sans être des propriétés, sont les conditions de tout ce qui existe hors de nous : encore cela ne paraît-il vrai que par rapport à nous, en ce sens que nous ne saurions voir ou nous représenter, par exemple, soit un corps, soit un espace fini ou limité par des corps, sans, en même temps, leur attribuer, ou leur prêter une certaine étendue et une durée quelconque; il nous serait impossible de les *concevoir* dépouillés de l'un ou de l'autre de ces deux caractères : de sorte qu'à proprement parler, la durée et l'étendue seraient les conditions de la *conception* des êtres, plutôt que des êtres eux-mêmes. Car, au contraire, on est porté à croire, quand on y réfléchit bien, que la durée et l'étendue, qui toutes deux supposent des limites ou dans le temps, ou dans l'espace, et ne sont probablement que de simples rapports, l'un de succession, l'autre de situation, ont elles-mêmes pour condition l'existence, logiquement antérieure, des êtres réels, de leurs mouvements, des transformations ou changements qu'ils subissent, des phénomènes auxquels ils donnent lieu.

L'étendue n'est donc une propriété ni des corps, ni de l'espace : c'est un rapport entre des limites, soit qu'il y ait quelque chose de réel, soit qu'il n'y ait rien entre elles. Ce rapport suppose bien, comme termes, suppose nécessairement, comme condition, des êtres réels; mais il ne les constitue pas, et même ne peut en rien les modifier. Pour comprendre ceci, faites abstraction de tous les corps, et ne conservez que deux lignes matérielles, en les considérant comme de simples limites placées l'une hors de l'autre. Il y aura entre ces deux limites ce rapport de situation que nous appelons distance (étendue en longueur); et vu qu'il est susceptible de plus et de moins, cette distance sera plus ou moins grande, sans avoir pourtant aucune réalité. Maintenant, supprimez l'une de ces lignes, le rapport s'évanouit, et par suite l'étendue, qui n'était rien de plus, qui n'était autre que ce même rapport. Il ne reste qu'une ligne, sans rapport avec autre chose, mais qui n'a pas en elle-même changé pour cela. Supprimons-la à son tour; il ne restera plus *rien*, ni étendue, ni matière, ni aucune autre chose. Tel est le caractère de l'espace considéré en lui-même, lequel n'est étendu que parce qu'il y a des corps qui le limitent de toutes parts, et qui ne le serait pas au delà des bornes de l'univers, si l'univers n'était pas infini comme l'espace.

Les corps, de leur côté, ne sont ou ne nous paraissent étendus, que parce que chacun d'eux est renfermé dans certaines limites, du moins en tant qu'il affecte nos sens, et que par là il peut être distingué de l'espace qui l'entoure; peu importe d'ailleurs ou que cet espace soit vide, ou qu'il contienne une substance imperceptible à nos sens.

Mais, dira-t-on, la *matière* elle-même n'est-elle pas étendue? Chacun de ses éléments, ou de ses atomes, n'a-t-il pas une étendue propre? Je répondrai qu'on n'en sait rien; que cela du moins n'est pas prouvé, et que des philosophes le nient. Il est bien vrai qu'on l'admet, à titre d'hypothèse, parce qu'on a besoin, pour l'explication des faits, d'assigner aux atomes des différences spécifiques; et que l'on n'en conçoit point d'autres que celles de volume et de figure. Mais on pourrait concevoir aussi que ces caractères n'appartinssent qu'à des corpuscules composés, indivisibles par nos moyens d'action, sans l'être absolument, et que les éléments matériels, tous semblables entre eux et sans étendue, se fussent réunis en diverses proportions, pour donner naissance à ces composés. D'ailleurs, quand ces points matériels ne seraient pas entièrement privés d'étendue, ce ne serait pas encore cette étendue qui, seule du moins, formerait celle des corps; puisqu'il paraît évident, d'après une foule d'expériences, que ceux-ci renferment plus de vide que de plein, ou de matière pondérable; d'où il résulte que leur étendue, outre qu'elle varie avec les circonstances, est indépendante du volume de leurs éléments, si bien qu'elle serait encore la même si ces derniers étaient réduits à leurs centres de figure, à des points sans étendue. De toute façon, celle des corps eux-mêmes a pour condition la matière, ou la pluralité et l'extériorité réciproque des points matériels qui les constituent; car on peut dire des interstices dont ils sont criblés et qui ont ces points physiques pour limites, ce que j'ai dit d'un plus grand espace limité par des corps.

L'espace n'est pas non plus étendu par lui-même, et nous avons vu à quelle condition il peut être considéré comme tel. Il n'en est pas moins infini; mais pour être étendu dans son infinité, il faut que les corps eux-mêmes, infinis en quantité, embrassent ensemble tout l'espace. En effet, supposons que le monde ne soit pas infini, auquel cas l'espace en dépassera les bornes : on pourra bien, il est vrai, se figurer dans cet espace excédant, des êtres, des lignes ou des points, séparés les uns des autres par de certaines distances, et conséquemment, ayant entre eux ce même rapport de situation dans lequel nous faisons consister l'étendue. Mais, les termes de ce rapport n'étant qu'imaginaires, le rapport lui-même sera purement idéal et sans objet hors de la pensée. Cet espace extra-mondain ne sera donc pas réellement étendu.

Je demande grâce pour une manière de voir qui m'est toute personnelle, et dont je ne prétends pas rendre la science responsable.

5. L'espace en lui-même, soit limité par des corps, soit sans limites, comme il le serait si tous les corps étaient anéantis, n'est absolument rien. Et c'est parce qu'il n'est rien que, dans le dernier cas, on le conçoit sans peine comme infini, qu'on ne pourrait même pas le concevoir autrement. Comment, en effet, serait-il possible

d'attribuer des limites, des limites *propres*, à ce qui n'est rien; comment ce qui n'est rien pourrait-il être borné par lui-même? Cet infini purement négatif, et dont il est si facile de se faire une idée (négative elle-même), deviendrait positif, si l'espace était une substance, ou si, n'étant rien de réel, l'univers lui-même était infini. Mais cet infini positif serait beaucoup plus difficile à comprendre, pour ne pas dire que cela serait tout à fait impossible. Ce n'est sans doute pas une raison pour en nier l'existence. Je veux seulement faire remarquer que l'univers pourrait être infini (je ne dis pas exister) indépendamment de l'espace qui en fait partie; car l'infini est tel, qu'on ne pourrait pas le diminuer en en retranchant une quantité, quelque considérable qu'elle fût, ou même un autre infini positif, tel que serait l'espace s'il était matériel, et qu'à plus forte raison, on ne retrancherait rien de l'univers, rien de réel, en supprimant l'espace, si l'espace n'est rien. Ces considérations, bien qu'elles soient sans réplique, loin d'éclaircir, ne feraient peut-être que rendre plus obscure et plus difficile la conception de l'infini pris dans le sens positif, c'est-à-dire appliqué à quelque chose de réel ou de substantiel. L'infini, c'est ce qui est sans bornes, sans limites. Cette définition est fort simple et fort claire; mais on se ferait une étrange illusion, si l'on s'imaginait qu'en saisissant le sens de la définition, on a par là même, dans tous les cas, l'idée de la chose définie.

6. La difficulté de concevoir l'univers infini deviendra plus grande encore, si l'on donne au tout une forme quelconque, je veux dire si, par exemple, on se représente l'univers ou comme un organisme, ou comme une machine, un système de corps. Comment se figurer, en effet, un être organisé, ou même un simple système de corps inorganiques, qui n'aurait, *comme système*, ni centre (d'action) ni limites? Bornons-nous à le considérer sous ce dernier point de vue.

Toutes les parties de l'univers, liées entre elles par une même force, la gravitation universelle, ne forment, dit-on, qu'un seul système. Celui-ci embrasse tous les systèmes partiels que nous remarquons ou que nous pouvons imaginer: les plus simples, tels que la terre avec sa lune et les autres planètes avec leurs satellites, tournant autour d'un centre commun, le soleil; puis ce dernier, entraînant avec lui tout ce cortége de sphères célestes que nous appelons système solaire, tournant lui-même, ainsi que d'autres soleils avec des systèmes analogues, autour d'un autre point, d'un astre plus central et plus considérable; enfin, celui-ci, peut-être, autour d'un autre point, et ainsi de suite, sans que l'on pût dire jusqu'où cela devrait s'étendre. De toute façon, il paraît bien résulter de là que le système tout entier tourne autour d'un point fixe, centre d'activité ou d'attraction d'un globe immense, vrai soleil de l'univers.

Or, si l'univers a un centre, il doit avoir des limites; car, on aura beau supposer l'astre central aussi considérable que l'on voudra, son action, quelque puissante qu'elle fût, sa force attractive, décroissant dans la proportion du carré des distances, ne pourrait pas s'étendre à l'infini; en sorte que l'univers aurait des limites comme un centre. Ce centre seul, d'ailleurs, pourrait être immobile: car, s'il y en avait d'autres, si, par exemple, telle ou telle étoile, centre d'un système partiel, était fixe, il arriverait nécessairement de deux choses l'une : ou que, n'obéissant alors qu'à l'attraction de tel autre astre plus considérable, elle s'en rapprocherait de plus en plus, ce qui est contraire à la supposition qu'elle était fixe; ou que, placée hors de sa sphère d'activité, elle formerait, avec les corps secondaires qui l'entourent, un système à part, ce qui ne s'accorderait pas avec l'hypothèse d'un système unique. Donc, ou l'univers a des limites comme un centre, ou bien les différents systèmes solaires ou stellaires, en raison des immenses distances qui les séparent, sont indépendants les uns des autres, et ne forment pas ensemble un seul système. Ainsi, les deux suppositions, entre lesquelles il faut opter, sont également inconciliables avec la théorie de l'auteur, en ce sens qu'elles le sont entre elles. Il faut donc renoncer, paraît-il, soit à l'unité systématique, soit plutôt à l'infinité de l'univers.

7. Au surplus, et ceci nous déconcerte un peu, M. Vacherot prétend que c'est la *nature* qui fait tourner les planètes autour du soleil. Est-ce à dire que chaque planète tourne naturellement ainsi en vertu de quelqu'une de ses propriétés naturelles ? Sans s'expliquer en aucune manière sur ce point, il soutient, page 635, que

la loi fondamentale de la mécanique ordinaire est fausse en astronomie, où, selon lui, il n'y a ni composition ni décomposition de forces, pas plus que de mouvement tangentiel ou de projection. Il nie qu'un mouvement circulaire en suppose deux autres ou soit la résultante de deux forces différentes ; il veut que ce soit un mouvement simple que le corps exécute de lui-même en vertu de sa propre nature ou peut-être d'une force que la nature lui prête, et cela reviendrait au même, du moins quant au résultat.

Comment donc alors une même planète tournant autour d'un même soleil, en vertu d'une même propriété ou d'une même force de la nature, qu'il faut supposer constante, décrit-elle, au lieu d'un cercle, une ellipse dont le soleil n'occupe même pas le centre? D'où vient qu'elle s'en rapproche et s'en éloigne alternativement ? Pourquoi sa vitesse est-elle variable? Enfin, quel rôle pourrait jouer dans tout cela l'action solaire, la force attractive de l'astre central, si elle n'a pas d'autre force à combattre ou à balancer ? « La Nature (dit l'auteur, page 645) est essentiellement active et vivante; elle n'a pas besoin d'une impulsion extérieure pour se mouvoir, elle se meut d'elle-même; et alors le mouvement circulaire est son mouvement propre. » — Si, comme il est vraisemblable, on entend par là que, par exemple, les planètes tournent autour du soleil par un mouvement naturel propre à chacune d'elles, il me semble que l'attraction n'est pas plus nécessaire que le mouvement tangentiel ou de projection qui est censé lui faire équilibre, et que cette force, existant seule, devrait altérer le mouvement propre de chaque planète et la rapprocher insensiblement du soleil en lui faisant décrire une spirale. Il paraît donc qu'ici l'attraction devient inutile, comme d'ailleurs elle devient impossible, même à l'égard de la constitution des corps s'ils sont divisibles à l'infini; car ce serait bien en vain qu'on poursuivrait jusqu'à l'infini cette prétendue divisibilité pour atteindre le sujet de cette force, on n'y parviendrait jamais, et l'on comprend assez qu'en définitive, il n'existe nulle part; d'où l'on pourrait légitimement conclure que l'attraction n'existe pas non plus. Comment, après tout cela, pourrait-on soutenir, sans contradiction, que la propriété constitutive des corps est l'attraction ou la pesanteur, et que c'est cette force d'attraction, comme, du reste, nous le pensons nous-même, qui lie entre eux (malgré les forces qui, selon nous, tendent à les séparer) tous les corps de la nature ?

8. La manière dont l'auteur conçoit les phénomènes astronomiques est une conséquence, une application de l'idée plus générale que nos deux métaphysiciens se sont faite du principe des choses, et qui est une des plus importantes de leur théorie, dont elle est elle-même une conséquence.

Ils posent d'abord des principes *à priori*, lesquels seraient tout à la fois les principes de la science et les principes des choses (en ce sens, comme on le verra bientôt, qu'ils constitueraient l'essence divine seul principe de tout, ce qui paraît assez louche si Dieu et le monde ne sont qu'un même être). Les savants, ceux qui du moins ont pour objet l'étude de la nature, suivent une marche inverse; ils commencent par poser des faits donnés par l'observation ou vérifiés par l'expérience; ils remontent ensuite, par induction, des faits aux principes de la science. Quant aux principes des choses, ils trouvent ceux des composés immédiatement dans les composants, et, en dernière analyse, dans les éléments de la matière. Ainsi, pour me servir d'abord de l'exemple le plus simple, ce n'est pas le pain qui est le principe de la farine, c'est la farine qui est le principe du pain; ce n'est pas le savon qui est le principe de l'huile et de la potasse dont il se compose, ce sont ces corps plus élémentaires qui sont ensemble le principe du savon. Non, diraient les métaphysiciens, ce n'est pas, il est vrai, le pain qui est le principe de la farine, mais celle-ci n'est pas non plus le principe du pain, elle n'en est que la condition. Le véritable principe du pain, son principe immédiat (et il en est de même des autres composés), c'est Dieu, c'est l'Être universel, non en tant qu'esprit, mais en tant que nature. C'est ce que l'on expliquera tout à l'heure. Jusque-là, continuons notre analyse scientifique, et voyons quelles en seraient les conséquences.

L'organisme, par exemple, a, selon nous, son principe *immédiat* dans les organes; ceux-ci, dans les substances plus simples dont ils sont formés; ces dernières encore, dans d'autres plus élémentaires peut-être et finalement dans les dernières molécules des corps.

(Cela n'empêcherait pas, du reste, qu'un Dieu *intelligent*, tel que nous le concevons, ne pût être la cause *finale*, ou intentionnelle, de l'organisation, autrement dit, le principe organisateur de la matière.)

En descendant ainsi des composés aux composants, puis en remontant des choses les plus simples aux plus compliquées, jusqu'à l'univers entier considéré dans son ensemble ou comme un seul tout, on arrive à cette conclusion : d'une part, que tout existe en germe, en principe, dans l'atome, même la vie, dont il serait impossible de trouver l'origine ailleurs, si du moins l'on n'admet qu'une nature de substance; et que, d'une autre part, Dieu (le Dieu-Monde, bien entendu), loin d'être un *principe*, n'est qu'un *résultat*.

Et si l'on objectait que ce n'est pas l'univers tel qu'il se présente à nos sens ou à notre imagination qui est le principe de tout, mais son essence, que la raison seule peut saisir; je répondrais que cela peut être, même au point de vue de la science, pour ne pas dire de la science seulement : car, du moment où l'on n'accorde pas à l'univers une intelligence propre, il n'est pas difficile de prouver que son essence, qui est la même pour le tout et pour les parties, si l'on met à part l'essence purement relative de chacune de celles-ci, se réduit à une seule propriété fondamentale, essentielle, absolue, que toutes les autres supposent; en un mot, à la matérialité elle-même, à laquelle on donne les noms d'impénétrabilité et de résistance, quand on la considère dans l'action mécanique que les corps exercent les uns sur les autres. Quant aux propriétés variables et transitoires qui distinguent entre eux les corps, bruts ou organisés, elles résultent toujours, en définitive, de la combinaison des atomes, qui en sont les premiers principes. Mais les substances qu'ils engendrent peuvent-être à leur tour les principes de ce qui est au-dessus, jamais de ce qui est au dessous d'elles, dans l'ordre de composition.

Toutefois prenons garde à l'équivoque que présente ici le mot principe. Les savants donnent ce nom à tout corps qui entre comme élément dans un composé. Mais entendent-ils par-là que les substances composantes prises ensemble sont, non-seulement la condition du composé, ce qui est incontestable, mais encore la première cause, la raison, le véritable principe générateur de la transformation qu'elles subissent en s'unissant, et qui se manifeste dans le composé, dont les propriétés diffèrent toujours de celles des composants? En tout cas, cette opinion, que personne, je pense, n'a jamais soutenue, n'est pas celle de M. Vacherot. Il s'exprime très-clairement, ou pour mieux dire, catégoriquement, à ce sujet, bien qu'il semble confondre les propriétés avec les phénomènes, et les principes avec les causes. « Le véritable principe de ces propriétés est la Nature elle-même, Force infinie qui agit sous les formes corporelles constituées par la loi d'attraction... Ce ne sont pas les phénomènes eux-mêmes qui s'engendrent ou se transforment dans leur succession.... Aucune des forces de l'être ne peut posséder par elle-même cette vertu de génération et de transformation.... En réalité, c'est l'Être universel seul qui possède cette vertu. C'est par son action que s'explique toute évolution et tout progrès dans le monde physique. » (653.)

Il résulte de ce passage que, par exemple, quand la cire fond en présence d'un brasier, celui-ci n'est pas la cause, mais seulement la condition du phénomène de la fusion, et que la véritable cause de ce phénomène est la nature elle-même. Mais cette cause est-elle directe ou indirecte; la nature agit-elle immédiatement sur la cire, à l'occasion du feu, dont l'action, dans ce cas, précéderait et déterminerait en apparence celle de la nature; ou bien celle-ci, comme on paraît l'entendre, ne produit-elle le phénomène que par l'intermédiaire du feu, auquel elle donnerait le pouvoir de fondre la cire, pouvoir qu'il n'aurait pas par lui-même? Dans ce dernier cas, le feu n'en serait pas moins la cause immédiate du phénomène; et en affirmant ce fait, nous ne nions point pour cela que le feu ait pu recevoir d'un principe supérieur, mais une fois pour toutes, le pouvoir de fondre la cire ou d'autres corps. Il paraît donc complétement inutile de faire intervenir dans chaque phénomène particulier, dans chacune des transformations de tel ou tel corps, une puissance supérieure, la Nature; d'autant plus que cette puissance, ou cette nature agit sans dessein prémédité, sans but, sans intention, et que tout acte de sa part est, comme on l'affirme, nécessaire, pour ne pas dire fatal.

Si l'on considère, d'ailleurs, que les résultats sont exactement les mêmes dans les deux manières de voir, celle de la science et celle de la métaphysique, on sera peut-être porté à croire qu'il n'y a dans tout cela qu'une vaine dispute de mots.

Il n'en est rien pourtant. La manière dont l'auteur comprend ou s'explique les phénomènes, et j'en ai déjà cité pour exemple le mouvement des planètes, qu'il attribue pareillement à la nature elle-même, se rattache étroitement à sa théorie, ce qui, du reste, n'est pas pour celle-ci d'un très-bon augure. Quoi qu'il en soit, il faut, pour en bien juger, tâcher d'abord, et cela n'est pas facile, de se faire une idée précise de ce qu'il appelle l'Être universel, qu'il nomme aussi et qu'il dit être le Dieu de la raison.

9. Qu'est-ce qu'un être, pris dans le sens le plus général du mot? C'est une substance avec tous les attributs, toutes les propriétés qui le caractérisent et le font être ce qu'il est. Dans ce sens, tout corps brut, un simple caillou est un être. Dans un sens plus restreint, c'est une chose qu'on ne pourrait partager sans lui faire perdre telles ou telles de ses propriétés, en un mot, sa première forme, sa nature. C'est dans ce dernier sens qu'il faut entendre que l'univers, contenant tout, mais formant lui-même un *seul* tout, un être entier, est, comme tel, indivisible. Entrons dans quelques détails.

Dieu, ou l'univers, dit-on, est un tout, indivisible comme tel. Dieu n'est pas un être distinct et hors du monde; ce n'est pas un genre à côté d'un autre genre; ce n'est pas même, et seulement un genre suprême comprenant tous les genres, toutes les espèces, tous les individus; en un mot, ce n'est pas une simple totalité; ce n'est pas seulement l'ensemble de tout ce qui existe, c'est un être réel qui contient tout en soi, un être *un* et *entier*, dont on ne pourrait rien retrancher.

La différence qui se trouve bien réellement entre la *totalité* et l'*entièreté* est très-facile à saisir. Posons, d'un côté, un monceau de sable : qu'on le divise en deux, en quatre, en autant de parties que l'on voudra ; ces parties, aux dimensions près, seront semblables au tout, et semblables encore aux grains de sable dont elles sont formées; les propriétés seront les mêmes de toutes parts : il n'y aura donc ici, dans le tout, qu'une simple totalité, rien de plus. Posons, d'un autre côté, une matière organisée, telle que le cerveau, par exemple : celui-ci n'est pas, comme le dit M. de Broglie, dans une réfutation de Broussais, une simple masse de matière formée de molécules rangées côte à côte l'une de l'autre et renfermées dans la même boîte osseuse. Le cerveau est tout autre chose qu'une somme de molécules (inertes comme des grains de sable) qui seraient sans action les unes sur les autres, qui n'auraient entre elles aucune relation, et ne pourraient engendrer aucune propriété nouvelle. Les propriétés du cerveau diffèrent totalement de celles des substances simples qui entrent dans sa composition et des molécules dont ces dernières sont formées ; il a, de plus, une propriété, ou si l'on veut, une fonction qui n'appartient qu'au tout. Le cerveau, bien qu'étroitement lié aux autres parties de l'organisme, est donc, considéré en lui-même, un tout indivisible, qu'on ne pourrait partager, sans qu'il cessât d'être ce qu'il est. On saisira mieux encore la différence que nous voulons expliquer ici, en considérant une machine quelconque, une montre par exemple, dont les mouvements divers concourent tous vers un but commun. Il est clair que, si l'on démontait la montre, pour en rassembler, en un seul tas, ou en souder ensemble, tous les rouages, les ressorts, les aiguilles, le cadran, en un mot toutes les parties ; on aurait toujours la même *totalité* que dans la montre *entière* ; mais que celle-ci n'existerait plus. Une montre est donc aussi, comme telle, un tout indivisible.

Or le monde entier peut, non sans raison, être considéré comme un *seul* système de corps, formé de systèmes partiels plus ou moins composés, qui tous, en effet, malgré les immenses distances qui les séparent, sont, ou semblent du moins liés entre eux par une même force, l'attraction ; système dont chaque partie prise séparément, et jusqu'à l'atome lui-même, est en relation, par cette même force, avec tout le reste. Cela ne présente aucune difficulté. Seulement, nous avons vu quelle en devrait être la conséquence, si le principe des choses était tel que se l'*imaginent* les savants. Mais on sait que ces pauvres savants, qui se laissent séduire par les perceptions des sens et les hypothèses de l'imagination, ne connaissent que très-peu les notions de l'entendement, et pas du tout les conceptions pures de la raison, qui seules ont une valeur réelle, pour les métaphysiciens.

On pourrait comparer l'univers à un vaste organisme; mais cette comparaison, à laquelle nos deux philosophes donnent la valeur d'un fait incontestable, ne serait pas facile à justifier, même comme simple comparaison, et bien moins encore à constater comme fait. Peut-être est-ce là, du reste, une de ces conceptions qui, pour le sens métaphysique, ou la raison, sinon pour le sens commun, n'ont pas besoin d'être démontrées. On verra plus loin ce qu'ils disent à ce sujet : je cherche avant tout à me faire une idée du Dieu-Monde tel qu'ils nous le donnent.

En ce qui concerne l'Esprit, l'embarras est bien plus grand; car, on le conçoit sans peine, nous ne pourrions pas former un seul tout, une sorte de système spirituel, de tous les esprits finis ou particuliers, comme nous avons fait un seul système de tous les corps. Un système suppose toujours des parties; l'esprit, au contraire, les exclut absolument. Il faut donc, ce semble, de deux choses l'une : ou nier simplement Dieu, pour n'admettre que l'univers avec tout ce qu'il contient, esprits et corps; ou bien attribuer à l'univers une intelligence indépendante de celle qui se manifeste dans les êtres particuliers doués de la faculté de penser; sauf à soutenir, si l'on veut, que cette intelligence est unie à la nature, comme on pense que l'âme l'est au corps. Cette opinion *paraît* être celle de M. Tiberghien. Du reste, il ne l'appuie que sur des raisons assez vagues, qu'il a préférées à l'argument invincible des causes finales, pour prouver l'existence de Dieu comme esprit.

En admettant un Esprit universel, une Intelligence suprême, que rien d'ailleurs n'empêcherait de considérer comme l'âme du monde, il faudrait bien admettre aussi que tout ce qui existe dans le monde se trouve en idée dans cette intelligence; et, dès lors, on pourrait concevoir que Dieu, voulant se manifester sous toutes les formes possibles, et plus particulièrement sous la forme humaine, réalise constamment ses propres idées. On comprendrait aussi par là comment l'intelligence divine serait la source, l'origine, la raison, le principe de toute chose. Si ce ne sont là que des rêveries, elles valent peut-être bien celles de nos deux philosophes.

Suivant eux, les corps et les esprits sont des déterminations intérieures ou des manifestations de l'essence divine. Mais qu'est-ce que l'essence d'un Dieu-Monde, dans laquelle n'entreraient pour rien ni l'intelligence, ni, ce qui est plus extraordinaire, la propriété essentielle de la matière, sans laquelle aucun corps, ni par suite l'univers lui-même ne sauraient subsister ? C'est ce que nous aurons plus particulièrement à examiner ; car c'est là le fond de leur doctrine, et ce dont tout le reste dépend. Mais, pour compléter l'idée de leur Dieu-Monde, ce qui doit nécessairement précéder toute critique, et pour qu'ils ne nous accusent pas de les avoir mal interprétés, nous les laisserons s'exprimer eux-mêmes.

« L'Être universel, dit M. Vacherot, n'est pas pour les êtres individuels une unité collective se résolvant dans ses éléments, un tout se réduisant à la somme de ses parties : il est l'Être en soi et par soi, par qui tout est et tout dure. (504.) »

« Le monde de la raison est autre chose qu'un espace vide, plus ou moins rempli par les individus qui s'y succèdent ou s'y juxtaposent ; autre chose qu'une série absolument continue d'êtres, ne laissant aucun intervalle entre les individus qui la composent ; autre chose même qu'un Tout dont les parties liées entre elles donneraient à l'ensemble l'unité d'un système, ou même d'un Tout organique. C'est un Être véritable, parfaitement un dans son infinité et son universalité. Cet Être est toujours et partout mouvement, vie, progrès, dans l'immensité de son étendue, comme dans l'éternité de sa durée. En lui ni vide ni repos. (607.) »

« Que nous dit la raison sur le Monde ? Qu'il est infini, nécessaire, absolu, que l'être y est contenu, que la représentation du monde, en tant qu'espace vide, semé çà et là de réalités corporelles, est une pure fiction de l'imagination. Or, si l'être est partout et toujours, s'il n'est pas possible d'y supposer le moindre vide, le moindre intervalle, il s'ensuit que les distinctions et séparations que nos sens y perçoivent sont purement relatives aux formes de l'être, qu'elles n'excluent en rien la continuité et l'unité substantielle de l'Être universel. (608.) »

« Si le Monde est le Dieu vivant, l'Être universel dans sa réalité concrète, les êtres, quelle que soit leur individualité, leur activité propre et leur liberté, n'en sont que des déterminations diverses. En ce sens, il est vrai de dire que la Nature est Dieu, que l'humanité est Dieu, que tout est Dieu. La Nature, c'est Dieu vu dans l'ordre de ses manifestations inférieures. L'humanité, c'est Dieu vu dans l'ordre de ses manifestations supérieures. Tout est Dieu, en tant que tout rentre dans l'unité organique de l'Être universel. (612.) »

« Dans le monde physique, toutes les actions, soit planétaires, soit moléculaires de la matière, ont pour principe une force universelle d'attraction. — Ce qui n'est pas moins prouvé par l'expérience, c'est que la même loi régit le monde moral. Si l'attraction physique se manifeste par la gravitation des corps, par l'affinité, la cohésion, etc., l'attraction morale se manifeste par les sentiments, les instincts d'amour, d'amitié, de famille, de sociabilité, de solidarité, de communauté. Si la première organise les corps et harmonise les sphères célestes, la seconde fait l'unité organique des peuples, des sociétés, des races, de l'humanité entière... (622.) »

« Le Dieu de la raison n'est aucun être déterminé; il n'est pas plus âme que corps, esprit que matière, intelligence qu'instinct, personne que nature... (Mais) si Dieu n'est aucune de ces réalités, il les contient toutes, non pas en puissance seulement, mais en acte [1]... En ce sens, il est Esprit comme il est Nature; il est intelligence et volonté comme il est instinct et nécessité. Car c'est précisément le propre de l'Être universel d'être tout, sans être aucune réalité déterminée ou particulière. (524.) »

« Dieu possède tout puisqu'il est le Tout; il possède l'intelligence, la conscience, la volonté, comme le reste. (526.) »

« Son unité est aussi réelle, aussi intime, aussi organique, que celle de tout être individuel. Mais cette unité ne peut être conçue comme *personnelle* dans l'Être universel, par la raison très-simple qu'il est infini. Toute personne a pour condition la conscience, laquelle a elle-même pour condition la limite..... Pour qu'un être ait conscience de soi, pour qu'il s'affirme, se pose comme moi, il faut qu'il se distingue, se sépare d'un non-moi quelconque. Or ce moyen de distinction, ce non-moi manque à l'activité infinie de l'Être universel, quelle qu'en soit d'ailleurs l'unité. (530.) »

10. Il résulte de quelques-uns des passages précités que M. Va-

---

[1] Sans doute en acte dans les êtres particuliers.

cherot ne reconnaît, non-seulement qu'une nature de substance, mais qu'une substance unique, continue, sans distinction réelle de parties, sans division, sans le moindre intervalle vide.

Or, s'il n'existe pas deux substances distinctes, l'une purement spirituelle, l'autre matérielle, soit dans l'univers, soit dans l'homme; s'il n'y a qu'une seule et identique substance; si Dieu n'est Esprit, que parce qu'il y a dans le monde des esprits finis et qu'il est tout; s'il ne possède l'intelligence, la conscience, la volonté, que comme il possède les autres propriétés particulières résultant des transformations de la substance, ou de la combinaison de ses éléments; s'il n'existe nulle part d'esprit sans corps, tandis qu'il existe des corps sans esprit; si nos facultés intellectuelles, comme il est vrai d'ailleurs, ne sont toutes que relatives, et qu'elles ne supposent pas de propriété plus fondamentale; enfin si, comme conséquence rigoureuse de tout ce qui précède, et en premier lieu de l'unité de substance, la faculté de penser ne peut être, quoi qu'on en dise, qu'un résultat de l'organisation du corps humain : il est bien certain, dès lors, que l'intelligence, comme le pense M. Vacherot, ne doit pas plus entrer dans la définition de l'Être universel, ou de son essence, que les *autres* propriétés accidentelles des corps, lesquelles ne constituent que l'essence relative de chacun d'eux en particulier.

Mais, sans sortir de l'hypothèse, on peut demander s'il en est de même de la matérialité, cet attribut essentiel qui est la base, le fond de toutes les propriétés variables des corps, et duquel dépend l'existence absolue de ceux-ci, c'est-à-dire de tous les êtres réels particuliers et, par suite, de l'Être universel dont ils ne sont que des parties. Au point de vue de la science, il est facile de répondre à cette question. En effet, l'Être universel, ou Dieu, c'est l'univers avec tout ce qu'il contient : or que voyons-nous dans l'univers? Des corps, et rien de plus; seulement, les uns sont organisés, les autres ne le sont pas; et parmi les premiers, un petit nombre ont la faculté de penser, le plus grand nombre sont dépourvus de cette faculté, qui, si nous n'en jugeons que par ses effets, est purement accidentelle. Que l'univers en son entier soit lui-même organisé, cela ne changera rien à la question; et il en serait encore de même si l'on accordait au tout une intelligence propre, du moment où l'on admet que l'esprit et le corps sont substantiellement identiques, ou plutôt que l'esprit n'a aucune réalité substantielle. Si donc il n'y a qu'une substance, et s'il n'y a que des corps, il paraît clair comme le jour que cette même substance, qu'elle soit divine ou non, est la substance de ces mêmes corps, et, par suite, celle de l'Être universel, qui, par conséquent, est matériel avant tout, pour ne pas dire seulement. Et si l'univers est matériel, rien que matériel surtout, il n'est pas moins évident que son essence est l'essence même de la matière, son essence absolue.

Mais qu'est-ce que la matière, ou, ce qui est la même chose ici, qu'est-ce que la substance? C'est on ne sait quoi, qui, dit-on en philosophie, sert de soutien aux accidents (nous dirions aux propriétés accidentelles) lesquels supposent toujours, en effet, quelque autre chose; tandis que la substance peut subsister sans telle propriété *accidentelle* que ce soit.

Mais la substance pourrait-elle exister elle-même sans qualité, sans propriété, sans attribut? Non : la substance (ou la matière) considérée en elle-même, ou en tant que distincte de tous ses attributs, n'est qu'une abstraction, peut-être un mot vide de sens; car il est impossible d'y attacher aucune idée positive; ce n'est pas un être réel. Tout être implique une manière d'être, un attribut, une propriété, tout au moins, et qui doit être la première de toutes, la plus fondamentale, la plus essentielle, même la seule essentielle à la matière en général, à la substance s'il n'y en a qu'une, et, par suite, à l'univers en son entier, aussi bien qu'à chacune de ses parties; et qui, par conséquent, devrait entrer dans sa définition.

Il est à remarquer que tout ce que l'on dit de la substance, on peut le concevoir de sa propriété essentielle : car il est assez évident que sans cette dernière toutes les propriétés particulières qui distinguent les corps les uns des autres périraient à la fois; tandis qu'il n'en est pas une sans laquelle la propriété essentielle ne puisse subsister.

Nous avons donc deux mots pour exprimer, en quelque sorte, la même chose, avec cette différence pourtant, que nous pouvons du moins connaître tant bien que mal la propriété essentielle, et qu'elle caractérise l'être, tandis que la substance ne caractérise rien, et que nous n'en avons pas la moindre idée. Si donc il fallait supprimer, comme inutile, l'un de ces deux mots, c'est, à coup sûr, le dernier que nous sacrifierions. Par là on éviterait l'équivoque ou l'ambiguïté qu'il présente, comme, par exemple, quand on dit que l'âme et le corps sont deux substances distinctes; car cela ne nous apprendrait pas si ces substances sont distinctes par leur essence, ou seulement par leurs propriétés accidentelles ou particulières, comme le sont l'or et le plomb; et l'on ne voit pas bien si cette dernière hypothèse différerait ou non de celle de M. Vacherot, savoir, que Dieu et le monde sont substantiellement identiques. En tout cas, puisque la substance, outre que nous n'en avons aucune idée, est censée le soutien de toutes les propriétés, particulières ou générales, accidentelles ou même essentielles, et que ce terme s'applique également à tout, ni plus ni moins que s'il n'était qu'une dénomination commune donnée à tout être réel, être qui ne sera jamais, pour nous, qu'un ensemble de propriétés diverses fondées sur une propriété absolue, essentielle à l'existence absolue de l'être : il est évident que la notion vague de substance ne pourrait rien ajouter à l'idée plus précise que nous avons de chaque objet, et qu'elle ne doit pas entrer dans sa définition ou sa description, et bien moins encore dans la différence qui se trouve d'un objet à un autre.

Quelle est maintenant la propriété essentielle et constitutive de la substance? C'est celle qui, dans l'action réciproque des corps, se manifeste par l'impénétrabilité et la résistance, et à laquelle, quand on la considère en elle-même, on pourrait donner le nom même de matérialité, comme on donnerait celui de spiritualité à la propriété essentielle d'une substance purement spirituelle s'il y en avait une. Il suit de là que la substance en général, la substance des corps, la matière, la matérialité, l'impénétrabilité et la résistance ne sont, au fond, qu'une même chose. Il me semble donc que c'est la matérialité surtout, sinon la matérialité seule, qui constitue l'essence absolue tant de l'Être universel que des êtres particuliers. C'est sur cette propriété essentielle ou cette essence absolue, commune à tous les êtres, que sont fondées les propriétés accidentelles ou l'essence relative de chacun d'eux. Il est donc impossible de révoquer en doute l'existence de cette propriété fondamentale.

Nous ne refuserons pas absolument, non d'y substituer, mais d'y ajouter la force connue sous le nom d'attraction, dans laquelle M. Vacherot fait consister l'essence des corps. Par là, nous nous rapprocherons de lui autant qu'il nous est possible, tout en faisant d'ailleurs l'aveu de notre ignorance sur l'origine, ou le principe, et la nature de cette force incompréhensible, que ni savants ni métaphysiciens ne peuvent expliquer. Ce qui est certain, c'est qu'en effet cette propriété ou cette force affecte également toutes les parties, tous les éléments de la matière; qu'elle joue un rôle immense dans l'univers, et que, sans elle, aucun agrégat, aucune combinaison d'atomes, et par suite aucune propriété accidentelle, ne serait possible. Nous ferons seulement observer, d'une part, que l'attraction suppose nécessairement des êtres qui s'attirent; que si l'on conçoit la matière sans songer à cette force, on ne saurait concevoir celle-ci sans se représenter quelque chose de substantiel, de matériel, un *substratum*, ou sujet quelconque, et que, d'une autre part, si cette force, soumise à certaines lois, est constante pour une distance donnée, elle varie néanmoins, elle augmente ou diminue suivant que la distance devient plus petite ou plus grande, et que, dans les corps, à distances égales, elle est proportionnelle aux masses.

On n'observe ni ne conçoit rien de semblable ou d'analogue dans cette propriété fondamentale connue généralement sous le nom d'*impénétrabilité*, à cela près qu'elle est également, et à plus forte raison, commune à tous les éléments de la matière. Cette propriété, qui n'agit point par elle-même et à distance, mise en jeu par le mouvement, devient, pour ainsi dire, une force répulsive; et comme le mouvement est susceptible de tous les degrés, l'action de cette force peut varier dans son intensité. Mais en elle-même cette force, ou pour mieux dire cette propriété, est constante, invariable, elle ne peut ni augmenter ni diminuer; elle est tout aussi grande dans l'atome que dans l'univers entier; nous pourrions même dire plus grande, si nous en jugions par certains effets; car, tous les corps étant poreux et par cela même plus ou moins compressibles, la résistance totale de chacun d'eux ou l'impénétrabilité de l'ensemble ne pourrait jamais être entière et complète comme dans l'atome. Celui-ci est d'une impénétrabilité absolue, comme il est absolument indivisible. Ces propriétés, qui n'en font qu'une, sont immuables, inconditionnelles, indépendantes de toute circonstance et de toute cause, soit externe ou interne, soit antérieure ou présente : comme l'atome qu'elles constituent, elles existent par elles-mêmes et de toute éternité. Ce ne sont pas simplement des déterminations ou des manifestations de l'essence divine, c'est l'essence divine elle-même, s'il n'y a pas d'autre Dieu que l'univers, pas d'autre substance que la matière. La propriété essentielle de celle-ci, ou l'impénétrabilité, a donc tous les caractères que les métaphysiciens attribuent avec raison à l'essence divine, sans qu'ils nous fassent connaître, d'ailleurs, en quoi consiste, au fond, cette prétendue essence, dont ils ne nous donnent pas la moindre idée, puisqu'ils s'arrêtent à la surface, à des caractères sans qualité, sans propriété fondamentale, ainsi qu'on le verra bientôt.

La substance universelle, la substance divine, peu importe le nom qu'on lui donne, s'étend à l'infini, dit-on, et d'une manière continue, sans intervalle vide. Il résulte de là ou que l'espace est une substance ou, ce qui est la même chose au fond, qu'il contient une substance aussi étendue et aussi continue que lui; en sorte que la distinction n'existerait que dans notre esprit, et que l'espace ne serait que la substance considérée, par abstraction, indépendamment de la propriété qui la constitue et seulement sous le rapport de son caractère d'infini. Ainsi, tout ce qui est étendu, espace ou corps, est substance; et il le faut bien, sans cela il y aurait, pour chaque espace déterminé, pour chaque corps en particulier, une lacune ou solution de continuité dans la substance universelle, qui n'en comporte ou n'en souffre aucune.

Si l'espace, considéré en lui-même, ou ce qu'à tort ou à raison nous appelons le vide, est une substance, il doit avoir tout au moins la propriété essentielle qui constitue la substance, c'est-à-dire la matérialité, ou l'impénétrabilité. Or, si l'espace est impénétrable, comment les corps proprement dits, qui sont des portions finies de matière, revêtues d'autres propriétés encore, peuvent-ils se mouvoir? Comment même peuvent-ils exister? N'est-ce donc pas précisément parce que l'espace n'est rien, et parce que deux substances réelles ne sauraient coïncider, que la matière pondérable est possible; mais que les corps, qui en sont formés, s'excluent mutuellement du même lieu, et que leurs mouvements peuvent s'exécuter sans obstacle?

On dira peut-être que les corps n'ont point de substance propre, qu'ils n'en ont pas d'autre que la substance divine. C'est fort bien; mais comme celle-ci est continue, sans le moindre intervalle, sans distinction réelle de parties, et qu'en conséquence on ne saurait concevoir qu'une partie quelconque de cette substance pût être transférée d'un lieu dans un autre; il faudrait donc admettre qu'un corps en mouvement change continuellement de substance comme il change de lieu; qu'il laisse toujours derrière lui sa propriété essentielle, ou sa substance, pour en prendre successivement une autre à mesure qu'il avance, et qu'il n'emporte avec soi (si dans ce cas il peut être quelque chose en soi) que ses propriétés accidentelles, ses phénomènes en puissance. Mais alors, comment le choc, à son tour, serait-il possible? Le choc n'est fondé que sur la résistance, ou l'impénétrabilité; encore faut-il que cette propriété, pour agir comme force, soit mise en jeu par des mouvements en sens contraire. Or comment se figurer de pareils mouvements, ou tout autre mouvement partiel, dans une substance qui forme un tout continu sans distinction de parties? Je suis porté à conclure de là, que chaque corps a une substance, une matière propre, quel que soit le milieu dans lequel il se meut, et qui, en aucun cas, ne saurait être le plein absolu.

On a dit, pour concilier le mouvement avec le plein, et faire concevoir l'absence de toute propriété dans les espaces que nous regardons comme vides ou à peu près, que la substance est susceptible de condensation et de dilatation, et qu'elle pourrait se dilater indéfiniment, sans jamais pour cela cesser d'être continue. Mais c'est là une idée qui ne trouve point accès dans notre esprit, et que le bon sens repousse comme absolument incompréhensible. D'ailleurs, la raison veut que la substance soit immuable, absolue, indépendante de toute cause; et comment le serait-elle, si elle était ou devenait ici plus dense et là plus rare; si elle pouvait passer, soit par une cause extérieure, soit en vertu d'une propriété intrinsèque, de l'un de ces états à l'autre, si, en un mot, elle pouvait changer? C'est bien en vain du reste, que l'on supposerait la substance plus ou moins raréfiée; si elle ne laisse pas d'être continue, il s'ensuivra nécessairement que dans chacun des points de l'espace, il y aura, sans aucun intervalle, un point substantiel, un point résistant, conçu à l'instar de l'atome, dont l'impénétrabilité est absolue. Tout cela est manifestement contradictoire et d'une absurdité palpable. Dans l'hypothèse des atomes et du vide, on n'est pas obligé de faire le moindre effort, ni d'avoir recours à des chimères, pour comprendre comment les choses se passent. Les condensations et les dilatations s'expliquent fort bien par le rapprochement ou l'écartement soit des atomes, qui en eux-mêmes ne changent jamais, soit des molécules intégrantes et constituantes qui en sont formées. On conçoit aussi, et de la même manière, que l'espace peut être occupé ou traversé par quelque fluide discret dont la matière totale est comme nulle relativement à l'étendue qu'elle embrasse, et ne peut, par conséquent, opposer aucune résistance sensible au mouvement des corps, ni affecter nos sens. En tout cas, puisque l'auteur admet que la substance peut se raréfier jusqu'au point de n'être plus perceptible à nos sens et d'être sans résistance, il est évident qu'il la considère comme matérielle. Dès lors on est un peu surpris de lui entendre dire, p. 651, que l'impénétrabilité, cette propriété essentielle de la matière, selon nous, n'est qu'une abstraction. Il est vrai que pour lui, ce qu'il y a de plus matériel est précisément ce qu'il y a de plus abstrait. Il le dit positivement dans le passage suivant, où il prétend aussi que c'est la pesanteur qui est la propriété constitutive des corps : « La pesanteur, résultat de l'attraction, est la propriété élémentaire et fondamentale de la matière; elle en fait le poids et la masse; elle constitue le corps proprement dit. C'est la forme la plus simple, la plus abstraite, la plus *matérielle* de l'Être.... Il faut nous habituer à comprendre que matière et abstraction sont synonymes.» (647.)

M. Vacherot paraît ne considérer comme *réelle* (j'ignore dans quel sens il prend ici ce mot) que l'attraction, ou la pesanteur. Quant aux propriétés accidentelles des corps, dans tous les cas, il les attribue aux forces *réelles* et *concrètes* de la nature; tandis que les savants, je l'ai déjà dit, font dépendre ces propriétés de la combinaison des substances élémentaires dont les corps se composent; en sorte que, s'il était prouvé que la *spiritualité* (j'appelle ainsi la propriété, connue ou non connue, la plus fondamentale de l'esprit) n'est qu'une propriété accidentelle, ils en concluraient tout aussitôt qu'elle ne peut être qu'un résultat de l'organisation du corps humain.

Quoi qu'il en soit, voici comment l'auteur combat cette manière de voir, tout en niant, du reste, que l'esprit et le corps soient deux *substances* distinctes, deux principes *essentiellement* différents.

11. « Dans l'homme, la vie spirituelle n'est pas plus la résultante des organes de la vie animale que celle-ci n'est le produit des facultés de la vie spirituelle. Sous ce rapport, le matérialisme et le spiritualisme sont également dans le faux. La nature n'explique pas plus l'esprit que l'esprit n'explique la nature. Ces deux modes d'existence, que les matérialistes et les spiritualistes ont le tort de prendre pour des êtres réels, ne sont que des degrés divers de l'évolution de l'être humain, seul principe de toute transformation et de toute génération. Aucun des deux principes n'engendre l'autre. L'homme, à parler rigoureusement, n'est ni âme, ni corps, ni un composé d'âme et de corps..... L'homme est un être complexe dans son unité, qui porte dans son sein la nature et l'esprit, et les produit successivement dans un rapport tel que la nature forme la base, et l'esprit l'essence de l'humanité..... Rien ne s'engendre, tout se développe, dans l'être humain, comme dans l'Être universel. L'unité est la loi, l'être en tout et partout. L'âme et le corps, dans l'homme, ne sont qu'en apparence des principes distincts et opposés..... En réalité et au fond cette dualité se résout dans l'unité de l'être humain, s'il s'agit de l'âme et du corps; dans l'unité de l'Être universel, s'il s'agit de la Nature et de l'Esprit en général. Cette unité féconde contient dans ses profondeurs toutes les formes, tous les degrés que l'être vivant, l'homme ou l'univers, manifestera dans le temps ou dans l'espace..... Le petit problème psychologique des rapports de l'âme et du corps reçoit ainsi la même solution que le grand problème cosmologique des rapports de la Nature et de l'Esprit. Dans l'homme, de même que dans l'Univers, ces rapports ne s'expliquent point par une génération, une transformation impossible de principes contraires, mais par la simple *évolution* de l'être complexe qui les comprend également. » (669.)

On pourrait demander ce que c'est que cet esprit *en général* que l'auteur attribue à l'Être universel. Est-il autre chose qu'une généralisation des esprits particuliers que nous pouvons observer, autre chose, par conséquent, qu'une pure abstraction, qui, sous le rapport de l'esprit, mettrait l'Être universel bien au-dessous de l'homme?

Quant à l'âme humaine, si elle était une *substance* essentiellement distincte du corps, je comprendrais parfaitement que celui-ci ne pourrait l'engendrer, qu'elle n'en pourrait pas être une transformation. Mais si elle lui est substantiellement identique, si l'âme et le corps ne sont qu'un seul et même être (réel ou non) envisagé sous deux points de vue différents (et pourquoi pas alors dans deux de ses modifications?), je ne vois pas bien comment cette transformation serait impossible. La faculté de penser, dans cette dernière *hypothèse*, ne serait qu'une propriété accidentelle comme tant d'autres. Or les propriétés accidentelles ont-elles nécessairement pour principe je ne sais quelle force concrète appelée Nature? Cela se peut; mais où en est la preuve? Où est la preuve aussi que l'hypothèse elle-même est un fait incontestable?

L'univers, dit-on, n'est pas seulement un assemblage de corps, ayant l'unité d'un système; c'est un être organisé, un être véritable, parfaitement un et entier. Cela est fort possible; mais à coup sûr cet être n'est pas Dieu.

Quels que soient les attributs qu'on doive accorder à Dieu, et ceux qu'à la rigueur on se croirait en droit de lui refuser, comme présentant des contradictions ou des impossibilités, Dieu est, de toute manière et avant tout, une Intelligence, un Esprit. Ce ne sont pas seulement les théologiens, ce sont encore, à très-peu d'exceptions près, la totalité des philosophes et le vulgaire tout entier qui le conçoivent ainsi. Cet être fût-il purement imaginaire, l'idée resterait la même, et, au fond, la même pour tous. Or il n'est pas permis de donner le nom d'un être, imaginaire ou réel, dont nous avons une idée claire, laquelle comprend, à titre d'idées, tels et tels attributs, ou tout au moins le premier, le principal, le plus universellement reconnu, le mieux compris, à un autre être, réel, auquel on refuserait ce même attribut.

Si donc on reconnaît Dieu, et si l'on veut en même temps qu'il ne fasse qu'un avec l'univers, il faut commencer par attribuer à celui-ci une intelligence propre, dominant tout, au-dessus et indépendante, ou indépendamment de celle des êtres finis. C'est là ce qu'il faut d'abord poser en principe, en s'appuyant sur les causes finales ou d'autres raisons meilleures (s'il y en a de meilleures, ou même s'il y en a d'autres), sauf à se tirer ensuite d'affaire comme on pourra. Car on aura beau dire et concevoir s'il est possible, que tous les esprits sont liés entre eux par une sorte d'attraction analogue à celle des corps, il n'en résultera jamais, dans nos idées du moins, qu'un composé, et non une chose simple, indivisible, telle que devrait l'être surtout l'intelligence divine. Si l'on ne reconnaît pas celle-ci tout d'abord, comme un fait primitif, indémontrable il est vrai par déduction, vu l'impossibilité de partir d'un principe supérieur, mais démontrable par induction en partant des causes finales, il ne faut plus parler de Dieu, il faut le nier purement et simplement, pour n'admettre que l'univers, soit tel qu'il est ou qu'il nous apparaît, soit tel qu'il plaira à l'imagination, à la fantaisie ou à la métaphysique de le construire, en lui attribuant, par exemple, comme le fait cette dernière, je ne sais quelle essence simple, dont il est impossible de se former la moindre idée. Il vaut mieux encore nier Dieu que le défigurer : en le niant, on ne fait tort qu'à soi; en le défigurant, on peut nuire ou déplaire à beaucoup de monde.

Il est vrai que M. Tiberghien, non de prime abord toutefois, admet un Esprit universel, qui sans doute n'est pas l'esprit en général de M. Vacherot; mais ses explications sont vagues et peu concluantes, pour ne pas dire qu'il est en contradiction avec ses propres principes. Il se présente ici trois points de vue, qu'il n'a point examinés :

Ou l'Esprit et la Nature sont, l'un purement spirituel et non matériel, l'autre matériel et nullement spirituel; et, dans ce cas, on aura beau supposer qu'ils se pénètrent mutuellement, comme il le dit de l'âme et du corps, ils n'en resteront pas moins distincts; ils ne formeront pas un être unique, il y en aura deux : ce qui est conforme à l'opinion des théologiens et de tous ceux qui croient à la distinction réelle de l'âme et du corps, comme à celle de Dieu et de l'univers.

Ou bien, ces deux êtres, quoique distincts, ou conçus séparément, sont substantiellement identiques, ont une même nature de substance ; auquel cas, ils doivent être tous deux matériels avant tout, et leur compénétration est impossible. La spiritualité dès lors, n'affectant pas toutes les parties de la substance, n'est plus, dans l'homme du moins, qu'une propriété accidentelle, qui, à ce titre seul, peut-être inséparablement unie à la matière organisée.

Ou bien enfin, il n'y a qu'une substance sans division, ayant deux attributs fondamentaux, deux propriétés essentielles, la matérialité et la spiritualité. Il me semble qu'alors ces deux attributs essentiels (s'ils pouvaient exister ensemble, ce qui paraît impossible) devraient entrer dans la définition de l'Être ou de son essence. La difficulté serait de concevoir comment deux attributs si profondément différents pourraient former une essence indivisible, absolument simple, ou comment, cette essence étant donnée *à priori*, ces attributs pourraient en dériver.

Mais, sans entrer dans toutes ces considérations, voici comment M. Tiberghien arrange plus facilement les choses. Dieu, ou son essence entière (qui est simple, indivisible, ne l'oublions pas) contient en soi l'Esprit universel et la Nature, qui sont constitués par elle, ou dont ils ne sont que des déterminations diverses ; de même, dit-il, que l'homme, ou le *moi*, qui en est l'essence propre, contient l'âme et le corps, qui ne sont aussi que des déterminations ou manifestations du moi. De sorte que celui-ci serait, au moins logiquement, antérieur au corps et à l'âme.

Or qu'est-ce que le moi ? Si je ne me trompe, ce n'est ni une essence, ni un être. Bien que l'homme emploie à tout instant le mot *je* ou *moi*, soit en parlant de son corps, soit de son esprit, ou de son âme ; et soit qu'il le prenne dans un sens passif, soit dans un sens actif, comme, par exemple, quand il dit : je dors, ou je me promène ; je souffre, ou je réfléchis : ce qu'on nomme *le moi* n'est ni l'homme, ni son essence ; c'est un caractère qui distingue ce qu'il y a de constant de ce qu'il y a de variable en lui, et qui, par conséquent, le suppose, bien loin de lui être antérieur. Ce caractère est le premier terme du rapport ou de l'opposition dont il s'agit ; c'est l'unité, l'identité, la permanence d'un être, sous la succession des phénomènes variables et transitoires qui s'accomplissent en lui. Il est certain que c'est en considérant ces choses, soit distinctement, soit d'une manière d'abord confuse et avant toute autre connaissance de nous-mêmes, que nous avons l'idée et la conscience du moi. On comprend fort bien d'ailleurs comment l'esprit peut avoir le sentiment intime, ou la conscience de ce que nous appelons le moi, du moi tel qu'il vient d'être décrit; mais on ne conçoit pas, il est même impossible, que le moi, qui n'est rien de réel, ait conscience de lui-même. Tout cela ne se rapporte qu'à l'esprit seul, et non à une essence simple qui contiendrait le corps et l'âme. Si dans le phénomène, ou la conscience du moi, le corps entre pour quelque chose, ce ne peut être qu'en ce sens, qu'il se reflète, pour ainsi dire, dans l'âme, qu'il y existe à titre d'idée ou de sentiment confus : de sorte qu'en définitive, la conscience du moi est un phénomène purement psychologique, qui suppose, par conséquent, la préexistence de l'esprit.

Ce qu'il importe de faire remarquer ici, c'est que, si ce caractère d'unité, d'identité et de permanence appartient, en effet, à l'essence de l'homme, ce n'est pourtant pas ce caractère lui-même qui la constitue. Ce sont là deux choses fort différentes, qu'il faut se garder de confondre. C'est néanmoins sur une semblable confusion, comme on le verra tout à l'heure, qu'est principalement fondée la doctrine des deux écrivains.

Que ces critiques soient elles-mêmes bien ou mal fondées, le passage qui me les a suggérées est d'ailleurs d'une importance d'autant plus grande, qu'il résume, en quelque sorte, toute la théorie de l'auteur. Nous laisserons donc celui-ci s'exprimer lui-même.

» La nature humaine est la parfaite image de la nature divine.

» L'homme ou le moi contient, en effet, dans la simplicité de son essence une diversité fondamentale, l'esprit et le corps, de même que Dieu contient dans l'unité de son être une dualité primitive, le monde spirituel et le monde physique, double monde auquel nous appartenons nous-mêmes par la double face de notre nature. Or le moi peut être considéré comme tout, d'une part dans son essence une et entière, d'une manière indivise, et de l'autre dans ses rapports avec ses parties constitutives. Le tout est lui-même tout ce qu'il contient dans son essence.... Mais aucune partie déterminée n'est le tout : c'est pourquoi nous ne disons pas que l'esprit ou le corps soit le moi, car ils n'en sont que des déterminations; ils font partie de l'homme, mais ne sont pas tout l'homme, ni chacun à part, ni même les deux ensemble. Le moi n'est pas seulement un esprit ajouté à un corps, la somme de deux substances diverses, car il est un dans son essence et dans sa position; il a conscience et sentiment de son unité avant de savoir s'il a des parties et quelles sont ces parties : c'est pourquoi nous ne disons pas que le moi soit un esprit plus un corps, car il est aussi l'union des deux; il est l'être simple et unique dont l'esprit et le corps sont les deux manifestations opposées.... L'unité subsiste au-dessus de l'opposition de l'esprit et du corps, comme leur source commune et le principe qui détermine leur union. C'est de la même manière que Dieu est aussi l'esprit universel, qu'il est aussi la nature, mais qu'il n'est pas seulement esprit ou seulement nature, qu'il n'est pas même la somme de l'esprit et de la nature, le monde entier, puisqu'il est l'unité pure et simple de l'essence d'où procède toute la variété des choses. » (*Études sur la religion*, p. 99.)

On reconnaîtra facilement dans ce passage le même fond d'idées que dans celui de M. Vacherot, rapporté plus haut, en ce qui concerne l'unité de Dieu et celle de l'homme. Mais M. Vacherot nie que Dieu puisse avoir ce que nous appelons la conscience du moi; non parce qu'il n'aurait pas d'intelligence propre, ce qui pourtant suffirait pour qu'en effet la chose fût impossible, mais par le motif assez spécieux qu'il ne peut pas s'opposer un non-moi, attendu qu'il est tout et qu'il n'y a rien hors de lui. Mais, outre que chaque partie de l'univers peut être considérée comme un non-moi par rapport au tout, puisqu'elle n'est pas le tout, ce n'est pas cette opposition du moi et d'un non-moi qui fait naître l'idée, le sentiment ou la conscience du moi, c'est celle qui se trouve, je l'ai dit, entre l'unité, l'identité, la permanence de l'être et les phénomènes passagers, variables, qui se succèdent en lui, ou, s'il s'agit de Dieu, dans les êtres particuliers qui sont en lui. Je partage donc l'opinion de M. Tiberghien sur la personnalité de Dieu. Cette différence dans la manière de voir des deux métaphysiciens, et qu'il était bon de faire remarquer, est la plus considérable de toutes. S'il y en a d'autres, elles sont moins importantes. En somme, la théorie du professeur belge m'agrée davantage; mais peut-être est-il moins conséquent que le philosophe français. Au reste, ils partent tous deux du même point, arrivent au même but, et leurs principes, si l'on considère ceux-ci dans leurs généralités, sont rigoureusement les mêmes.

Ce sont ces principes qu'il me faut examiner à présent, et ce n'est pas chose facile; car, on le conçoit, et les deux auteurs le feraient eux-mêmes observer, leurs principes, leurs explications et leurs preuves, purement métaphysiques, n'ont, pour ainsi dire, rien à démêler, rien de commun avec les détails de tout autre nature dans lesquels j'ai cru devoir entrer d'abord pour en déduire l'idée que les savants pourraient se former d'un Dieu-Monde, et pour mettre le lecteur en garde contre les conceptions, souvent différentes, de ce que les métaphysiciens appellent la raison.

II.

12. « Dieu, dit M. Tiberghien [1], est l'*Être*, et l'Être est *essence*. L'essence exprime ce qu'est l'être, et les propriétés désignent ce qu'est l'essence. L'ensemble des propriétés d'un être constitue son essence. L'être et l'essence sont quelque chose de simple et d'irréductible, mais non de mystérieux et d'inaccessible à la pensée. Connaître les propriétés des corps ou des esprits, c'est connaître leur essence; saisir les propriétés ou les attributs de Dieu, c'est saisir l'essence divine. »

Tout cela sans doute est fort bien dit et paraît juste, au moins à l'égard des êtres particuliers, dont les propriétés nous sont immédiatement connues. L'auteur oublie seulement de distinguer les propriétés essentielles, qui sont constantes, des propriétés accidentelles, qui peuvent varier à l'infini [2], et qui, tout en formant une seule essence, n'en restent pas moins distinctes entre elles, outre

---

[1] *Études sur la religion*, p. 72.
[2] Voyez mes *Essais philosophiques*, t. II, p. 5, II; et pp. 7 à 10, III et IV.

que chacune pourrait disparaître sans entraîner la destruction des autres. Ainsi, quand on dit que l'essence est simple et irréductible, cela ne peut se rapporter qu'aux propriétés essentielles, et par suite à l'essence absolue de chaque chose, à celle de laquelle dépend son existence absolue, et non à des propriétés accidentelles qui forment ensemble son essence relative, et qu'elle peut perdre sans cesser absolument d'exister. On ne comprendrait guère comment celles-ci pourraient former une essence simple et irréductible, tandis qu'il en est tout autrement des propriétés essentielles, par la raison qu'il ne peut y en avoir qu'une dans chaque substance, du moins s'il s'agit des êtres particuliers. Mais, si cela est vrai à l'égard de ceux-ci, et généralement en physique, cela ne l'est plus, paraît-il, en métaphysique. L'essence de Dieu ou de l'Être universel est bien l'ensemble de ses attributs ou propriétés; mais ces propriétés ne sont pas celles des corps et des esprits, bien qu'on affirme, d'une part, que ces dernières procèdent de cette essence universelle ou divine, et, d'une autre part, que l'essence *propre* de Dieu est l'essence tout *entière*, l'essence de tout ce qui existe.

« Quelles sont les propriétés de l'Être? » — L'auteur en reconnaît trois principales :

1° « L'Être est *un*, au fond et dans la forme; son essence est une, parce qu'elle est divine, toute divine, rien que divine, sans division et sans mélange; sa forme ou sa position est une, parce que Dieu est seul, ou qu'il est l'Être même, et non un être opposé à un autre....

2° » L'Être est lui-même son essence; l'essence n'est pas à un autre, mais à lui, puisqu'il est seul et unique; l'essence est donc l'essence *propre* ou l'essence *même* de Dieu; en d'autres termes, tout ce que Dieu est ou peut être est propre à Dieu... Nous pouvons affirmer qu'en vertu de son unité l'essence tout entière est sa propre essence.... Cette qualité de Dieu, que nous désignons par l'essence propre, s'appelle ordinairement l'absolu ou l'inconditionnel.... Dieu est donc absolu, en tant que l'essence une et entière est sa propre essence, ou qu'il est lui-même et de lui-même tout ce qu'il est; il est absolu parce qu'il est seul, sans rapport avec autre chose, affranchi de toute dépendance. Les êtres finis, par contre, sont relatifs, parce qu'ils sont les uns avec les autres, et n'ont pas en eux-mêmes toutes les conditions de leur existence. Ils possèdent bien une essence propre et peuvent être considérés en eux-mêmes, absolument, sans relation, mais leur essence n'est pas toute l'essence; ils existent en eux-mêmes et agissent d'eux-mêmes, mais ne sont pas sans dépendance et sans cause en dehors et au-dessus d'eux.

3° » L'Être est *toute* l'essence, l'essence tout *entière*, tout ce qui est. Dieu n'est pas une partie de la réalité, mais la toute réalité, puisqu'il est seul et unique; il n'est pas un genre opposé à un autre ou supérieur à un autre, par exemple, un pur esprit ou la matière pure, mais le Tout, d'une manière simple et indivise. Un genre n'est qu'une fraction, une détermination de l'essence, à l'exclusion de toute autre; Dieu n'exclut rien et n'a point de terme opposé. L'unité de l'essence s'exprime donc à la fois par deux qualités parallèles, comme essence propre et comme essence entière.... La première de ces qualités se traduit par l'absolu, la seconde par l'infini. En effet, l'*infini* désigne la totalité de l'essence ou, pour mieux dire, l'essence entière; car le tout laisse supposer des parties, tandis que l'entièreté en fait abstraction....

» Dieu est donc l'Être un, infini, absolu. Tels sont ses principaux attributs ontologiques..... »

Je l'avoue franchement, cette définition, comme telle, me paraît vide de sens. Que Dieu soit un, absolu, infini, certes, je l'accorde sans difficulté, et je comprends du moins ce que cela signifie, parce que je sais ou crois savoir déjà ce que c'est que Dieu, que j'en ai une idée telle quelle, vraie ou fausse : mais ce ne sont pas là de véritables attributs ou propriétés, qui puissent me le faire connaître; ce sont de simples caractères, qui conviennent à telle propriété, non à telle autre, et qu'on peut affirmer ou nier de la même propriété chez des êtres divers. Ces mots, s'ils ne sont appliqués à quelque chose, à quelque propriété réelle, ne représentent rien et ne sont, tout au plus, que de pures abstractions : on n'en formera jamais, dans notre esprit, ni un Dieu, ni un monde; pas plus qu'on n'y formera un corps avec les termes ou les idées contraires. En disant que Dieu est un, qu'il est seul et unique, on ne me ferait pas connaître par là, on ne m'apprendrait pas ce qu'il est. C'est la même chose encore à l'égard des mots *absolu, infini*, ou d'autres de la même nature qu'on pourrait faire entrer dans la définition. Celle-ci, d'ailleurs, soulève plus d'une difficulté.

D'abord, les caractères dont nous parlons n'étant pas des attributs, des propriétés, il est impossible qu'ils forment une essence réelle, dont le monde physique et le monde des esprits, supposés réels, seraient des fractions ou, comme on le dit aussi, des déterminations intérieures, ce qui ne se comprend guère et n'est nullement prouvé. Que sont des fractions d'une essence irréductible ? Que sont des déterminations et des manifestations *opposées* d'une *même* essence ?

En second lieu, comment, de cela seul que l'univers, qu'un être quelconque serait un, infini, absolu, s'ensuivrait-il qu'il aurait le pouvoir, ou plutôt se trouverait dans la nécessité de réaliser, ici et là, toutes les propriétés qui constituent les corps et les esprits et que l'on suppose exister dans son essence d'une manière indéterminée et latente : propriétés qui peuvent changer ou périr d'un instant à l'autre, qui varient constamment, que nous pouvons quelquefois nous-mêmes faire naître, modifier ou détruire à volonté ; comme nous pouvons aussi ou provoquer les phénomènes par lesquels elles se manifestent, ou nous opposer à ce qu'ils se produisent, en appelant ou en écartant les causes auxquelles, à tort ou à raison, on les attribue ? — Cela ne montre-t-il pas une fois de plus que la variété indéfinie de ces phénomènes est inexplicable s'ils dépendent tous d'une seule et même force appelée nature, et que celle-ci ne soit elle-même qu'une forme déterminée d'une essence indivisible, absolument simple ?

Ensuite, comment concevoir, comment admettre que l'Esprit universel, autre détermination de la même essence, n'entre pour rien dans tout cela, et que, par conséquent, bien qu'il existe en acte, ou en réalité chez des êtres particuliers, en tant qu'universel il n'existe nulle part ?

Enfin, quelle espèce de rapport peut-il y avoir entre cette inconcevable essence et ses déterminations diverses ? Ce n'est pas un rapport de causalité ; car une cause ne peut produire que des effets, de simples changements, ou phénomènes, lesquels supposent nécessairement la préexistence des êtres et de leurs propriétés, puisque les phénomènes ne sont autre chose que des manifestations passagères de celles-ci. Ce n'est pas non plus un rapport de finalité, qui nous obligerait de prêter à l'essence divine une intelligence réelle et des intentions, qu'on lui refuse. Il n'y aurait donc entre cette essence et les êtres réels, ou leurs attributs, comme du reste on le fait assez entendre, qu'un rapport de principe à conséquence. Or, je le demande, comment serait-il possible que les propriétés des êtres réels, qui changent avec les circonstances extérieures, souvent même selon notre bon plaisir, fussent des conséquences nécessaires et directes d'un seul et même principe, immuable sans doute, en un mot, de cette essence simple conçue sous le charme de ces trois mots magiques : Un, Absolu, Infini ?

Telle est cette essence divine, qui contient tout en soi, Dieu sait comment, et dont tous les êtres particuliers, même la Nature entière et l'Esprit universel ne sont que des formes déterminées, par conséquent finies. Or, si l'Esprit et la Nature ont des limites, comment peuvent-ils former les deux moitiés du monde, qui n'en a pas [1] ? Tout cela, qu'on le prenne à la lettre ou dans tel autre sens, est un peu difficile à saisir, et n'est pas facile à digérer.

Mais qu'est-ce, au fond, que cet Esprit universel dont parle M. Tiberghien ? Il n'en sait trop rien lui-même. Est-ce un ensemble de tous les esprits, en tant que, liés entre eux comme les parties de la matière le sont entre elles, ils formeraient, pour ainsi dire, un seul tout organique *sui generis*, un organisme spirituel ? Cette hypothèse paraît inadmissible ; aussi l'auteur ne l'admet-il pas, du moins positivement, ou sans modification. « Je possède, dit-il, la notion de l'Esprit, que je conçois comme embrassant tout ce qui est spirituel, l'esprit humain lui-même, et formant le monde des esprits, opposé au monde des corps. Je ne puis observer qu'un nombre déterminé d'esprits sur cette terre ; mais je pense, sauf erreur, qu'il existe

---

[1] Pour être juste, je dois faire observer que l'auteur, dans son *Esquisse de philosophie morale*, page 18, dit positivement que l'Esprit et la Nature sont infinis, contrairement à l'opinion qu'a soutenue, depuis, M. Vacherot.

dans l'univers un nombre infini d'esprits finis, qui vivent en union comme un seul Esprit, de la même manière que tous les corps sont unis dans la nature. » (*Esquisse de phil. mor.*, page 20.)

Que tous les esprits du monde vivent en union, bien qu'à leur insu, cela n'est peut-être pas impossible. Mais tous ces esprits ne formeront jamais un seul esprit qui puisse avoir conscience de soi, ou qui permette à l'Être universel, comme s'il en était l'âme, d'avoir, de la même manière que l'homme, la conscience du moi.

De toute façon, sans soutenir pourtant que l'Esprit universel soit une âme, une substance, il se représente Dieu à l'instar de l'homme, qui, dit-il, est parfaitement semblable à Dieu. Ainsi, d'un côté, il reconnaît dans l'homme une âme et un corps, c'est-à-dire, deux substances distinctes, l'une spirituelle, l'autre matérielle; mais ces deux substances, en se pénétrant, ne forment qu'un seul être : elles n'ont d'ailleurs qu'une seule et même essence, une, indivisible, qui les contient toutes deux, et dont elles ne sont que des déterminations particulières, ou des manifestations opposées; et cette essence commune, c'est le moi.

De l'autre côté, l'Esprit universel (c'est-à-dire tous les esprits du monde) et la Nature, se pénètrent réciproquement, comme l'esprit et le corps de l'homme, et sont contenus dans une même essence, dans l'essence divine, qui est simple, irréductible, comme le moi, et dont ils ne sont aussi que des déterminations différentes, des manifestations opposées.

Cependant, si l'Esprit universel n'est pas autre chose que l'ensemble de tous les esprits finis, comme la Nature est l'ensemble de tous les corps particuliers, il résulte, me paraît-il, du parallélisme que l'on établit ici, de deux choses l'une : ou que l'essence divine et le moi humain sont identiques, auquel cas le parallélisme est un non-sens, tout comme celui qu'on imaginerait entre deux lignes qui se confondent et qui, par conséquent, n'en forment qu'une ; ou bien que chaque esprit particulier avec le corps qui lui appartient dériveraient à la fois et seraient en même temps des déterminations de deux essences distinctes, à savoir, du moi humain et de l'essence divine; ce qui paraît absurde.

Mais, encore une fois, qu'est-ce que cette essence simple, indivisible, qui contiendrait tout en soi, dont l'esprit et la matière, l'Esprit universel et la Nature, les corps et les esprits finis, en un mot tous les êtres réels, seraient des formes déterminées? Si Dieu est tout, on conçoit bien que son essence *propre* doit être l'essence *entière*, l'essence de tout ce qui existe. Ce que l'on ne conçoit pas, c'est cette essence elle-même, cette essence entière, qui serait commune à tous les êtres réels en ce sens qu'ils en dériveraient tous; tandis qu'il semblerait, au contraire, d'après la définition même de l'essence, qu'ils dussent y contribuer tous, chacun pour sa part, ce qui placerait ici les êtres avant l'essence dont ils ne sont que des déterminations. En tout cas, deux substances, deux choses *essentiellement* distinctes, pourraient-elles avoir une *même* essence, comme on l'affirme de l'âme et du corps, pendant que, d'un autre côté, chacune de ces dernières substances serait une forme déterminée, une manifestation de deux essences distinctes, de l'essence divine et du moi? Cela ne serait-il pas logiquement impossible, évidemment contradictoire ou absurde?

13. Quant à chacun des deux mondes pris séparément; quant au monde physique, par exemple, les êtres qu'il contient, bien qu'ils diffèrent entre eux sous une infinité de rapports, ne peuvent-ils pas avoir, dans toute hypothèse, une essence commune? Oui et non. Oui, s'il est question de leur essence absolue, de laquelle dépend leur existence réelle, fondamentale, et qui, en effet, est la même pour tous : non, s'il ne s'agit que de leur essence relative, de laquelle dépend leur nature particulière, leur forme actuelle, qu'ils peuvent perdre, mais pour en prendre une autre, sans pour cela cesser d'exister absolument. Cette différence entre l'existence ou l'essence absolue et l'essence ou l'existence relative en tant qu'elles appartiennent à *tous* les êtres sans distinction, paraît avoir complètement échappé à nos deux métaphysiciens. Cela ne proviendrait-il point de ce qu'ils n'ont pas su ou qu'ils n'ont pas voulu, en consultant l'expérience, distinguer les propriétés essentielles des propriétés accidentelles?

Certes, nous le leur accorderons sans peine, car il est évident qu'à moins d'en faire un être contradictoire, aucune des propriétés accidentelles des corps et des esprits ne doit entrer dans la définition de l'Être universel. D'un autre côté, cependant, une *chose sans qualité*, comme on le dit de Dieu, p. 101 (*Études sur la religion*), ne serait, selon moi, qu'une chimère. Il doit donc y avoir, il y a nécessairement, entre ces extrêmes un terme moyen, quelque chose de réel, mais non d'accidentel, qui constitue la véritable essence de l'univers, laquelle doit être la même que celle de Dieu, si Dieu et l'univers ne sont qu'un seul et même être. Quel est ce terme moyen, cette chose, cette essence ?

Ce n'est ni un ensemble de propriétés positives, mais accidentelles, qui ne formeront jamais une essence irréductible, ni de simples caractères, des attributs vagues non qualifiés, des abstractions sans objets réels, tels que l'unité, l'infinité et le reste ; ce sont les propriétés essentielles qui déterminent la nature fondamentale, l'essence absolue des choses, et qui pour nous les constituent : propriétés sans lesquelles elles ne sauraient ni être conçues, ni exister.

La propriété la plus fondamentale, la plus universelle, la plus essentielle à l'existence des êtres, même des esprits sur la terre, puisqu'il ne s'y en trouve point sans corps, c'est la matérialité, autrement dit l'impénétrabilité. Cette propriété, qui ne dépend d'aucun fait, d'aucun principe antérieur, qui en elle-même, bien qu'elle se présente sous toutes les formes, ne varie pas avec les circonstances, qui n'est pas susceptible de plus et de moins, qui est aussi absolue dans le moindre corpuscule que dans le monde entier, doit donc entrer, la première de toutes, dans la définition de l'essence absolue de l'univers, comme de tout ce qu'il contient; car, sous ce rapport, il n'y a pas la moindre différence entre le tout et chacune de ses parties.

En ce qui concerne la spiritualité (j'appelle ainsi la propriété fondamentale de tout esprit considéré en lui-même), la question est plus difficile, parce que nous ignorons si cette propriété est effectivement essentielle comme l'impénétrabilité, et qu'on peut l'envisager de deux manières toutes différentes ou opposées.

Mais il faut absolument de deux choses l'une, ou que la spiritualité soit une propriété essentielle ou qu'elle ne soit qu'accidentelle. Dans ce dernier cas, elle ne saurait être qu'une propriété relative, résultant, selon moi, pour ne pas dire évidemment, de l'organisation de la matière, qui, de toute façon, en serait le sujet, la substance; et cela serait aussi vrai de la spiritualité, de l'intelligence divine ou plutôt universelle, admettant qu'il y en ait une, que de l'intelligence humaine : la faculté de penser dans l'homme et celle qu'on pourrait attribuer à l'univers existeraient au même titre, c'est-à-dire, comme résultat de l'organisation de l'un et de l'autre. Il n'y aurait donc ni âme ni Dieu, c'est-à-dire point de substance distincte du corps humain et de la nature universelle, fût-elle, comme on le dit, parfaitement organisée; car, en conscience, on ne pourrait pas proprement appeler Dieu un être dont les facultés intellectuelles seraient soumises à des conditions physiques ou à telle circonstance que ce fût; en un mot, qui ne serait point intelligent par lui-même ou de sa nature, et avant tout.

La spiritualité serait-elle une propriété essentielle? Elle ne pourrait l'être qu'à cette condition qu'elle appartiendrait à une substance distincte de celle des corps, puisque la plupart de ceux-ci ne donnent pas le moindre signe de cette propriété, et que, par conséquent, elle ne leur est pas essentielle, n'est pas indispensable à leur existence absolue. C'est là sans doute ce qu'a fort bien compris M. Tiberghien; aussi admet-il deux substances, l'une spirituelle, l'autre matérielle.

Mais comment alors n'y a-t-il qu'un seul Être? C'est, dira-t-on, que l'Esprit et la Nature, d'une part, l'âme et le corps de l'autre, se pénètrent mutuellement. Fort bien; mais cette compénétration n'empêchera pas que leur distinction ne soit réelle et non simplement modale, c'est-à-dire que les deux propriétés ne sauraient être deux modes d'existence du même être, comme on pourrait le concevoir si, contrairement à l'hypothèse, l'une d'elles, et ce ne pourrait être que la matérialité, était seule essentielle et l'autre accidentelle; et dans ce cas, les deux propriétés pouvant exister ensemble dans une même substance, constituée par la première, modifiée par la seconde, il serait complétement inutile d'en admettre deux. C'est ainsi qu'on pourrait attribuer cette propriété accidentelle à la Nature elle-même, qui serait matérielle au fond, ou dans sa substance, et spirituelle dans sa forme, dans l'une de ses formes au moins. Mais revenons à l'hypothèse où les deux attributs seraient également essentiels et constitueraient, par conséquent, deux substances réellement distinctes.

L'âme et le corps, suivant l'opinion commune, sont des êtres réels, qui ont existé et qui pourront exister encore séparément; car, d'une part, l'âme, selon toute apparence, n'a pas pu être unie à la matière amorphe; et, d'une autre part, les deux substances se sépareront de nouveau à la dissolution du corps : toutes deux conserveront leur existence absolue, le corps en changeant de forme seulement, l'âme en restant ce qu'elle est. Dans l'homme vivant, ces deux êtres sont unis d'une manière ou d'une autre : mais comment le sont-ils? Est-ce par une pénétration réciproque? Il y a tout au moins lieu d'en douter.

On ne comprend que bien difficilement cette compénétration de l'esprit et de la matière, si l'on prend ce mot à la lettre, ou dans son sens propre. La *pénétrabilité* ne constitue pas une propriété positive, ce n'est qu'une simple négation : la propriété positive est l'*impénétrabilité*, bien que le terme soit négatif, et cette propriété n'appartient qu'à la matière : elle consiste dans la résistance invincible qu'opposeraient deux atomes, ou deux corps supposés comme eux d'une densité absolue, à l'effort que l'on tenterait, à tous les moyens qu'on emploierait pour les faire coïncider. Mais nous serions fort embarrassé si l'on nous adressait cette question : La matière est-elle impénétrable à l'esprit, ou l'esprit à la matière? Deux êtres, l'un matériel, l'autre spirituel, ou bien encore deux esprits, ne peuvent-ils pas coïncider? Cela n'est guère probable, du moins quant aux premiers, si l'un est étendu et que l'autre ne le soit pas. En tout cas, nous abandonnerons ces questions insolubles ou oiseuses, pour faire à ce propos, sur l'essence des choses, une remarque plus importante, qui pourra servir, dans certains cas, non d'explication sans doute, mais de comparaison propre à éclairer l'explication.

Quand deux substances matérielles s'unissent, soit par un simple mélange, soit par une combinaison plus intime, elles forment comme un seul tout en apparence indivisible, je veux dire irréductible; et cependant, le chimiste, par analyse, pourra réduire ce tout à ses principes composants; lesquels se remontreront tels qu'ils étaient d'abord, avec les mêmes propriétés. Si le composé est le résultat d'une combinaison chimique, il présentera, indépendamment de la propriété essentielle qu'il doit avoir en commun, comme matière, avec les corps composants, d'autres propriétés, dont quelques-unes seront totalement différentes de celles de ces derniers. Toutes formeront ensemble son essence; mais elles n'en resteront pas moins distinctes (comme modes d'une même nature de substance), et la preuve en est, d'un côté, que telle ou telle de ces propriétés pourrait être détruite ou disparaître, sans que les autres en fussent aucunement altérées; et que, d'un autre côté, toutes ces propriétés prises séparément, une à une, se manifesteront par des phénomènes divers.

Que penserait-on maintenant du physicien qui soutiendrait que l'essence du corps composé est absolument simple, irréductible, et que les deux corps élémentaires, ou les propriétés qui les constituent (supposé qu'on puisse encore les discerner, comme cela peut arriver dans un simple mélange), ne sont, pour ainsi dire, que des effets, dont cette essence serait la cause; en sorte que cette cause, ou cette essence, devrait être conçue comme logiquement antérieure au moins, à l'existence même de ces substances élémentaires et de leurs propriétés constitutives?

Or tel paraît être le procédé de M. Tiberghien. Après avoir formé de toutes les propriétés des corps et des esprits, sans exception, une essence unique, simple, irréductible, qu'il appelle l'essence entière, il veut que tous les êtres particuliers, esprits ou corps, procèdent eux-mêmes de cette essence; qu'ils n'en soient que des déterminations et des manifestations diverses. Si donc je l'avais bien compris, il y aurait ici une espèce de cercle vicieux.

C'est la même chose encore, mais la question est plus compliquée, en ce qui regarde l'homme et son essence. De la compénétration, ou de je ne sais quelle combinaison intime de deux *substances* distinctes, de l'âme et du corps, résulte un être unique, à savoir l'homme. Celui-ci a sans doute une essence propre, qui, si l'on en juge par analogie, ne doit être que l'ensemble de toutes ses propriétés, c'est-à-dire des propriétés du corps et de l'âme. Comment donc ces deux substances sont-elles des déterminations, ou des manifestations opposées de l'essence de l'homme, appelée le moi (et en même temps de l'essence divine); ou, comme on le dit aussi, des *effets* dont le moi serait la *cause* (concurremment avec l'essence de l'univers entier)?

Mais qu'est-ce que cette essence divine, ou entière, dont ne feraient point spécialement et nominativement partie les deux propriétés essentielles, absolues des corps et des esprits? L'univers, dit-on, a deux faces, ou deux moitiés, l'Esprit et la Nature, qui ont leur *cause* en Dieu, et qui ne sont aussi que des *manifestations* opposées de son essence. A ce compte, l'Esprit universel et la Nature, le monde des esprits et le monde physique, tous les corps particuliers et les esprits finis, ne seraient que de purs phénomènes; car les phénomènes seuls peuvent avoir et ont nécessairement une *cause*; les phénomènes seuls peuvent être et sont toujours des *manifestations* de quelque propriété, ou d'une essence envisagée sous tel ou tel rapport.

14. On avait déjà, plus d'une fois, prétendu que les corps au moins ne sont que de simples phénomènes. Qu'y a-t-il cependant de plus facile à reconnaître, dans un corps, que sa substance, ou la propriété essentielle qui, pour nous, la constitue? Il est bien facile aussi de distinguer sa substance, ou sa propriété essentielle, des propriétés accidentelles qui le font être ce qu'il est présentement et des phénomènes par lesquels toutes ces propriétés se manifestent. La substance, ou la propriété essentielle, peut se concevoir seule, peut exister indépendamment de quelque autre propriété que ce soit. La propriété accidentelle est nécessairement attachée à quelque autre chose, à quelque chose de plus fondamental, et c'est précisément ce que l'on nomme substance; soit que la substance diffère, qu'elle soit distincte de sa propriété essentielle, soit qu'elle se confonde, ou ne fasse qu'une avec elle. Toute propriété accidentelle suppose donc, implique nécessairement une substance. Mais, à son tour, la propriété accidentelle, bien qu'elle soit périssable ou changeante, existe toujours avant, et pourra subsister encore après le phénomène qui la révèle; ce que l'on concevra sans peine, si l'on fait attention que tout phénomène est une propriété ou acte; qu'il n'est autre que cette propriété, mais en tant que celle-ci se manifeste actuellement sous une forme ou sous une autre, laquelle forme

constitue le phénomène. Nous n'apercevons jamais, soit en nous, soit hors de nous, que des phénomènes; mais il est facile de comprendre, d'après ce qui précède, que ce sont eux qui nous révèlent l'existence des propriétés et, par suite, des substances. Tout phénomène est de sa nature transitoire, et, pour l'ordinaire, ne dure qu'un instant; les propriétés accidentelles, bien que variables, changeantes, et même périssables, ont nécessairement une durée plus longue, quelle que soit cette durée pour chacune d'elles, ce qui dépend des circonstances. Enfin, les propriétés essentielles, ou les substances, dont nous ne saurions les distinguer, ou tout au moins les séparer, dans notre conception, sont absolument inaltérables, et leur durée est infinie.

Voilà bien des différences entre les trois choses que nous venons de considérer, et qui ne permettent pas de les confondre : il en est une encore; c'est la plus importante.

Tout phénomène implique une *cause*, laquelle pour le dire en passant mais non hors de propos, ne ressemble jamais au phénomène qu'elle produit, excepté peut-être, en apparence du moins, lorsque celui-ci n'en est, pour ainsi dire, que le prolongement, comme, par exemple, quand les vibrations d'une cloche (produites elles-mêmes par le choc du marteau) produisent dans l'air des vibrations analogues. Cela n'empêche pas d'ailleurs que, même dans cette circonstance, le phénomène produit, au lieu d'exister d'abord en puissance ou virtuellement dans sa cause productrice (les vibrations de la cloche ou plutôt l'*action* de la cloche en vibration), n'existait en puissance que dans la propriété qu'il manifeste, je veux dire dans l'élasticité de l'air, puisqu'il n'est autre que cette propriété en acte, ou se manifestant actuellement sous une de ses formes. Une observation semblable avait déjà, mais en vain, été proposée à Descartes par Gassendi, qui distingue avec raison la cause matérielle (conditionnelle) d'un phénomène, dans laquelle il existait en puissance, de la cause efficiente qui le produit. C'est ainsi, par exemple, que nos sensations, avant d'exister comme telles, ou sous ces formes phénoménales, existaient (et ne cessent pas d'exister) virtuellement ou en puissance, non dans leur cause proprement dite, c'est-à-dire dans l'action des objets extérieurs sur nos sens, mais dans la sensibilité elle-même, en tant qu'elle en est la *cause conditionnelle* (autrefois appelée très-improprement *cause matérielle*). On pourrait concevoir, sans doute, que tel ou tel *phénomène* ait existé virtuellement dans l'essence divine, dont il serait ainsi une *manifestation*; mais cette essence ne pourrait pas en être en même temps la cause productrice, pas plus que la sensibilité n'est celle des sensations.

Les propriétés accidentelles peuvent et doivent même avoir un principe, mais elles n'ont point de cause : aucune cause proprement dite ne saurait les produire. Et quant aux propriétés essentielles, aux substances, elles n'ont ni cause, ni principe : absolument simples, immuables, elles existent de leur nature ou par elles-mêmes, et de toute éternité (si, bien entendu, l'on rejette la création).

Je ne crains pas d'être en tout cela démenti ni par la science, ni par la saine philosophie; ni par l'expérience, ni par la logique.

Il est donc absolument impossible qu'un corps ne soit qu'un pur phénomène; impossible, par conséquent, qu'un être réel ou substantiel puisse être une manifestation d'une propriété ou d'un ensemble de propriétés, en un mot d'une essence. Comment donc le monde physique et ce qu'on appelle le monde des esprits ne seraient-ils que des manifestations d'une essence universelle, par conséquent quelque chose de phénoménal, qui, de plus, aurait sa cause, on le dit assez clairement, dans cette essence elle-même, ce qui est contraire à toutes les analogies.

S'il fallait prendre à la lettre et dans son sens propre, en se plaçant au point de vue du sens commun plutôt qu'à celui du sens métaphysique, tout ce que dit l'auteur, ce qu'au fond je ne pense pas; si je l'avais convenablement interprété, ce qui tout au moins n'est pas certain, et si, du reste, mes observations en elles-mêmes étaient fondées, comme je le crois, il s'ensuivrait peut-être que sa théorie, malgré le tour ingénieux qu'il lui a donné et tout ce qu'elle peut renfermer d'excellent dans ses détails, serait radicalement fausse. Mais je me garderai bien de prononcer un tel arrêt : je crois plutôt qu'il y a dans tout cela quelque malentendu. Ce que l'on pourrait au moins reprocher à cette théorie serait de manquer de précision et par suite de clarté.

15. Quoi qu'il en soit, du moment où l'on admet deux substances distinctes, l'une spirituelle, l'autre matérielle, et par suite deux attributs *essentiels*, la spiritualité et la matérialité, soit que ces deux substances demeurent séparées, soit qu'elles se trouvent intimement unies et ne forment, en quelque sorte, qu'un seul être indivisible, auquel cas l'Esprit universel ne serait évidemment que l'âme du monde : il est certain que, par là même, on admet aussi l'existence réelle et de l'âme et de l'intelligence divine. La difficulté, dans la dernière hypothèse, est de concevoir comment deux substances distinctes, telles que l'âme et le corps ou telles que l'Esprit et la Nature, peuvent ne former qu'un seul et même être (l'homme ou Dieu); comment surtout deux propriétés aussi fondamentalement, aussi essentiellement différentes que la spiritualité et l'impénétrabilité, pourraient constituer ensemble une essence irréductible, absolument simple. Mais enfin, quelle que soit l'idée qu'on se fasse de Dieu, quelle que soit la manière dont on se le représente, pourvu qu'avant tout on le considère comme une intelligence, autre et infiniment plus étendue ou plus parfaite que l'intelligence humaine, je ferai bon marché du reste, que je laisserai dans la région de l'inconnu avec tout ce que je ne puis comprendre.

Cependant, il reste toujours, non pas une simple difficulté secondaire, mais une question primordiale de la plus haute importance, que peut-être on ne résoudra jamais, et dont les deux métaphysiciens ne disent pas un mot : c'est celle de savoir si la spiritualité est en effet un attribut essentiel ou s'il n'est qu'accidentel. La première hypothèse, qui ne laisse pas, comme nous l'avons vu, de soulever quelques difficultés, est une conséquence de la doctrine de M. Tiberghien (dont nous ne parlerons plus), et la seconde, une conséquence de celle de M. Vacherot. Celui-ci ne reconnaît et ne veut qu'une substance : cela est plus simple, plus rationnel peut-être, mais ne laisse pas non plus de nous jeter dans l'embarras; car de là paraît devoir sortir un Dieu ou fort étrange ou tout à fait incompréhensible, suivant qu'il en sera tiré ou par la logique vulgaire, ou par la métaphysique.

S'il n'y a qu'une substance et, par suite, qu'une seule propriété essentielle, car elle ne peut en avoir deux, il faut de toute nécessité :

d'une part, que cette substance soit matérielle et que cette propriété, c'est-à-dire l'impénétrabilité ou la matérialité, constitue seule l'essence absolue de l'univers; et d'une autre part, que la spiritualité, qui ne peut être qu'une propriété relative, comme toutes les autres propriétés accidentelles des corps, ne soit qu'un résultat de l'organisation de la matière. La matière est donc le principe de tout ce qui existe, même de l'esprit ou de l'intelligence: la nature n'est que la matière sous toutes ses formes, dans toutes ses modifications passagères; et l'esprit lui-même n'est rien de plus en principe qu'une des transformations de la matière. Si donc, comme on l'a dit, le Monde est un être réel et vivant, parfaitement organisé, l'Esprit universel, supposé qu'il en existe un, doit être parfait dans la même proportion; ou si le Monde, sans être parfait à la rigueur, se développe, progresse et tend de plus en plus vers la perfection, il doit en être de même de l'Esprit universel, autrement dit de l'intelligence divine. En tout cas, celle-ci, admettant qu'elle existe, n'existe point par elle-même, puisqu'elle a pour condition la matière.

Toutes ces idées, parfaitement liées entre elles, parce qu'elles ne sont que des conséquences d'un même principe, simplifieraient singulièrement la question. Néanmoins, je ne pense pas que cette théorie, malgré sa clarté et son unité rationnelle, rencontre un seul partisan, parce qu'il s'y trouve des choses qui, sans pouvoir être démontrées fausses peut-être, répugnent à la raison. Encore faudrait-il, pour la soutenir, attribuer à l'univers une intelligence propre, comme on lui donne une organisation propre, d'autant plus que l'une ne serait qu'une conséquence de l'autre.

Que dirait sur tout cela M. Vacherot? Qu'il y a erreur de ma part, tout comme de celle de son collègue; que l'esprit n'est ni une transformation de la matière, un résultat de l'organisation du corps, ni un être réel, une substance distincte du corps. En effet:

D'un côté, « dans l'homme, dit-il, la vie spirituelle n'est pas plus la résultante des organes de la vie animale, que celle-ci n'est un produit des facultés de la vie spirituelle.... Rien ne s'engendre, tout se développe dans l'être humain comme dans l'Être universel. » — Voilà pour ce qui me regarde, c'est-à-dire pour ce qui est relatif à la conséquence que j'ai tirée de ce principe hypothétique, que la spiritualité ne serait qu'une propriété accidentelle, conséquence dans laquelle je persiste.

D'un autre côté, « l'Esprit et la Nature, ces deux modes d'existence que les matérialistes et les spiritualistes ont le tort de prendre pour des êtres réels, ne sont qu'en apparence, comme l'âme et le corps dans l'homme, des principes distincts et opposés... En réalité et au fond, cette dualité se résout dans l'unité de l'être humain, s'il s'agit de l'âme et du corps; dans l'unité de l'Être universel, s'il s'agit de la Nature et de l'Esprit en général. » (669.)

Il semble bien y avoir ici, et l'on veut établir en effet, une analogie entre l'homme, cet être *complexe* qui renferme dans son *unité* l'âme et le corps, et l'Être universel qui renferme de la même manière l'Esprit et la Nature. Mais comment l'analogie pourrait-elle être juste si l'Esprit universel n'était rien de plus que l'esprit *en général*, c'est-à-dire une abstraction? Pour que le parallèle fût exact, il faudrait que l'Esprit, en tant qu'on le met en regard avec la Nature, fût à l'Être universel ce que l'esprit humain est à l'homme; qu'il y existât non-seulement en principe, mais en effet, non-seulement en puissance, mais en acte, de telle façon qu'il se manifestât dans le *tout* d'une manière indivise, comme la faculté de penser se manifeste dans l'être humain. Or il ne paraît pas que ce soit là l'opinion de l'auteur. Du reste, il ne s'explique pas suffisamment sur cette question, ou du moins assez clairement pour éviter toute équivoque. Je livre au lecteur, sans autres réflexions, les passages suivants, qui semblent, en effet, s'ils ne sont pas inintelligibles, pouvoir être interprétés ou dans un sens ou dans le sens contraire. Pour moi, je l'avoue franchement, ils me laissent voguer à l'aventure comme sur une mer sans rivage et remplie d'écueils, privé de boussole ou de pilote, et ne sachant de quel côté me tourner.

« ..... Je dis que le Dieu de la raison n'est aucun être déterminé, qu'il n'est pas plus âme que corps, esprit que matière, intelligence qu'instinct, personne que Nature.... » Mais « si Dieu n'est aucune de ces réalités, il les contient toutes, non pas en puissance seulement, mais en acte [1].... En ce sens, il est Esprit comme il est

[1] *En acte* dans les êtres particuliers qui sont en lui, mais non probablement dans le Tout considéré comme être un et entier.

Nature; il est intelligence et volonté comme il est instinct et nécessité; car c'est précisément le propre de l'Être universel d'être tout, sans être aucune réalité déterminée ou particulière. » (524.)

« .... Dieu possède tout puisqu'il est le Tout; il possède l'intelligence, la conscience, la volonté, comme le reste. Il n'en est pas moins vrai qu'aucun de ces attributs ne doit entrer dans la définition rationnelle de Dieu, sous peine de le confondre absolument avec tel objet du monde. » (526.)

« .... Dieu est intelligence aussi bien que puissance; il est intelligent en tant qu'Esprit, comme il est puissant en tant que Nature. Le Dieu Esprit pense la vie universelle que produit le Dieu Nature. Mais c'est toujours le même Dieu, intelligible dans son activité immanente, nécessaire et instinctive, intelligent dans la conscience réfléchie, dans la pensée de cette activité. » (529.)

Je laisse au lecteur à décider s'il est bien facile d'accorder ce dernier passage avec les deux précédents.

Revenons à la comparaison de l'Être universel et de l'homme. Quelle que soit l'idée qu'on se fasse de l'Esprit en tant qu'opposé à la Nature, nous continuerons à le nommer, au besoin, Esprit universel, pour éviter tout malentendu.

C'est une conséquence inévitable de la doctrine de l'auteur, et surtout de l'unité de substance, fait incontestable pour lui, que la spiritualité n'est qu'une propriété accidentelle et purement relative.

Partant de là comme d'un principe nouveau reconnu pour vrai, nous argumenterons, non pour ou contre, mais sur cette thèse, en cherchant quelles doivent être à leur tour les conséquences rigoureuses de ce nouveau principe.

La première de toutes, la plus immédiate, c'est que l'Esprit universel et l'âme humaine ne sont pas des êtres réels; que ce ne sont là que de simples modes d'existence, comme le dit l'auteur. Mais cela n'est point applicable à la Nature, au corps humain, qui demeurent, dans toute hypothèse, des êtres réels, ou substantiels.

L'âme est donc, dirons-nous, un mode d'existence, une manière d'être, ou d'exister. Or toute manière d'être suppose un être, tout mode implique une substance; et, quel qu'il soit, cet être est nécessairement matériel au fond, ou dans sa substance, car cette substance, c'est la matière, puisqu'il n'y en a point d'autre. Ainsi, l'ame paraît être un mode d'existence du corps humain lui-même, une de ses formes, une de ses manières d'être ou d'exister. Il en est sans doute de même de l'Esprit universel à l'égard de la Nature.

Il suit de là qu'en effet le corps et l'âme ne sont qu'en apparence des principes distincts et opposés; qu'il ne peut y avoir entre l'âme et le corps, entre l'Esprit et la Nature, qu'une distinction modale, et non réelle; que le corps ne diffère de l'âme, la Nature de l'Esprit, que comme la substance diffère d'un de ses modes, que comme un être réel, ou substantiel, diffère de telle ou telle de ses manières d'être.

Il semble résulter de tout cela, que l'homme n'est pas, ainsi qu'on l'affirme, un être complexe renfermant dans son unité le corps et l'âme (l'être et la manière d'être, la substance et l'accident), et qu'il n'est rien de plus que le corps humain, en tant que celui-ci, par suite peut-être de son organisation, est doué de la faculté de penser. Et, puisqu'on applique exactement à l'Être universel, à l'Esprit et à la Nature, ce qu'on a dit de l'homme, de l'âme et du corps, il s'ensuivrait aussi que cet Être universel, ou que l'univers en son entier, en un mot que Dieu, ne serait autre que la nature, en tant que l'Esprit lui appartiendrait à tel ou tel titre et de telle ou telle manière.

M. Vacherot n'admettra pas toutes ces conséquences. Il répondra d'abord qu'il nie formellement que la faculté de penser, ou l'esprit, puisse jamais résulter de l'organisation de la matière, ou d'un arrangement quelconque de ses éléments, de même qu'il a nié que les propriétés nouvelles qui se manifestent dans les corps composés puissent résulter de la combinaison des corps plus simples dont ils se composent; qu'il n'y a point de génération, que rien ne s'engendre, mais que tout se développe. Et si nous lui faisions observer que tout développement, comme toute génération, est une succession de changements, ou de phénomènes, dont chacun a sa cause à part; que, dans une pareille série, chaque phénomène est l'effet de celui qui le précède, et la cause de celui qui le suit; en sorte que ces phénomènes trouvent ainsi leur explication, comme ils ont leur cause, les uns dans les autres : il répondrait qu'il ne reconnaît point cet enchaînement prétendu de causes et d'effets; qu'il ne veut pas plus de cette espèce de génération que de toute autre; et que tout changement, tout phénomène, toute propriété nouvelle, toute génération apparente, en un mot, tout ce qui arrive dans le monde, est produit directement par la force de la Nature, c'est-à-dire, paraît-il, par une force qui serait propre au tout, et non à aucune de ses parties prises séparément.

Nous n'avons pas à discuter sur de simples négations ou sur des assertions arbitraires qu'on avance sans preuve et qui n'expliquent rien; qui n'ont pas le moindre fondement ni dans la nature des choses, si l'on en juge d'après l'expérience, ni, bien moins encore, dans la conception; car personne à coup sûr ne comprendra qu'une force aveugle, dépourvue d'intelligence, de conscience et de volonté, puisse, seule, par un *acte nécessaire,* mais sans y être elle-même déterminée par aucun fait antérieur (comme le sont nos causes efficientes), produire à point nommé, tel changement, tel phénomène (physique, physiologique, psychologique) ou telle propriété, suivant que la circonstance ou même que notre caprice l'exige.

Une question plus positive, mieux posée et plus importante, c'est celle de savoir quelles seraient les différences qu'on pourrait établir entre l'univers en son entier et les êtres qu'il contient, ou, comme on le dit, par abstraction en généralisant les idées, entre l'universel et le particulier. Pour ma part, je ne vois pas que ces différences soient aussi considérables, ou plutôt aussi réelles qu'on le pense. C'est ici surtout qu'il est à regretter que M. Vacherot n'ait pas distingué d'abord, des propriétés accidentelles, ou des essences relatives des êtres considérés individuellement, la propriété essentielle qui leur est commune à tous, aussi bien qu'à l'univers lui-même, et sans laquelle rien absolument ne saurait exister. Peut-être alors n'aurait-il pas soutenu qu'un être *réel* tel que le monde, que l'Être universel, considéré en lui-même, ou dans son essence, ne peut avoir, chose singulière, aucun attribut *réel,* et que cette essence ne peut être formée que de certains caractères qui, par eux-mêmes, évidemment ne sont rien, et qui, séparés de toute propriété réelle, ne sauraient être, en effet, que des abstractions de l'esprit.

16. Voyons donc si les caractères de fini et d'infini, de relatif et d'absolu, ou d'autres de même sorte, appartiennent exclusivement, les uns aux êtres particuliers, les autres à l'Être universel.

J'ai déjà fait observer que si l'univers, comme on le dit, ne forme qu'un seul système de corps, sous l'influence d'une même force, de la force d'attraction et de ses lois, il faut de toute nécessité qu'il ait un centre et des limites. Il en sera de même, suivant toute apparence, surtout aux yeux des physiologistes, si l'on en fait un être organisé. Ainsi, l'univers entier, malgré son immensité, n'est pas plus infini, en étendue, que le plus petit animal, que la plus simple machine, que la moindre parcelle de matière. Sous ce rapport donc, toute distinction disparaît entre le particulier et l'universel.

C'est la même chose, mais dans un sens opposé, relativement à l'infini en durée, qu'à tort ou à raison, on nomme éternité. Car si le monde, si le tout est éternel, il doit en être de même de ses parties; le contraire serait incompréhensible : à moins que, sans avoir égard aux changements journaliers, annuels et séculaires qui s'opèrent dans le monde en grand, on ne tînt compte que de ceux qu'éprouvent les corps en vertu de leurs propriétés accidentelles, par l'action des causes très-diverses auxquelles ils sont soumis; ce qui serait injuste, et ne pourrait conduire qu'à des conclusions fausses. Tout changement, quel que soit l'être qu'il affecte, toute manière d'être qui en est la suite, toute modification, quelle qu'en soit la durée, est transitoire; il n'y a d'éternel que ce qui est immuable. Telle est la matière, fond commun de tout ce qui existe, depuis l'atome jusqu'à l'univers entier. Par conséquent, l'infini en durée peut également convenir et sans la moindre différence à l'individuel et à l'universel.

Ce que nous avons dit du temporel et de l'éternel, de l'accidentel et de l'essentiel, du variable et de l'immuable, en tant que ces caractères se retrouvent également dans tous les êtres de la nature, non moins que dans l'Être universel, on peut le dire aussi du relatif et de l'absolu. Tout être, quel qu'il soit, a quelque chose d'absolu et quelque chose de relatif : sans l'absolu il ne saurait exister ; sans le relatif il ne saurait changer : or tout change dans le monde, esprits et corps, et rien (de substantiel) ne périt.

Mais, dira-t-on, l'Être universel n'est ni l'Esprit, ni la Nature, ni les deux ensemble, et son essence n'a rien de variable, d'accidentel, de relatif; elle est purement et véritablement absolu. Soit: il n'en sera pas moins vrai que tout être particulier, indépendamment de son essence relative constituée par ses propriétés accidentelles, a nécessairement une propriété essentielle, une essence absolue, qui ne peut différer en rien de celle de l'univers, puisqu'il n'y a qu'une substance, et que, par conséquent, l'univers doit être matériel avant tout, qu'il soit ou non spirituel.

On répliquera, peut-être, que cela ne peut s'appliquer qu'à l'univers considéré comme système de corps, mais que cela n'est pas vrai de l'Être universel ou de l'univers en soi, c'est-à-dire conçu en dehors de toute forme, de toute réalité, avec sa seule essence, qui ne consiste que dans certains attributs métaphysiques (ou caractères abstraits). J'avoue que ceci dépasse les bornes de mon intelligence. Il me semble en résulter, et je me trompe sans doute, que l'Être universel, dont on fait pourtant un être *véritable*, n'est rien de plus que l'être en général, abstraction faite de toute propriété, de même que l'Esprit universel n'est, selon M. Vacherot lui-même, que l'esprit en général.

Quant aux esprits particuliers, on pourrait demander s'ils ont aussi quelque chose de relatif et quelque chose d'absolu. Certes, si, par exemple, l'esprit humain, ou l'âme, n'est pas un être réel ou que la spiritualité ne soit elle-même qu'une propriété accidentelle, relative, il n'aura rien d'absolu, ce caractère ne pouvant appartenir qu'aux êtres, ou, ce qui est la même chose, aux propriétés essentielles qui les constituent. Si la spiritualité était, au contraire, essentielle, auquel cas elle constituerait une substance distincte de celle des corps, l'esprit humain, être réel alors, serait absolu par cette propriété fondamentale, essentielle, absolue elle-même, et relatif par ses propriétés accidentelles, c'est-à-dire par les facultés particulières que l'on comprend ensemble sous la dénomination commune de faculté de penser, lesquelles ne sont toutes, en effet, que relatives, du moins dans leur exercice et si l'on en juge par les résultats, que l'organisation, cause secondaire, peut modifier plus ou moins; de même que l'impénétrabilité, propriété absolue, devient relative dans ses effets, parce qu'ils dépendent aussi des masses et des vitesses. Mais cette hypothèse spiritualiste serait diamétralement opposée à la doctrine de l'auteur. Nous n'avons donc pas à nous en occuper.

Ce qui étonne, ce qui afflige et ce qu'il importe de remarquer, c'est que, dans toute cette théorie si artistement construite, on chercherait en vain une intelligence divine, je veux dire tout simplement une intelligence qui fût propre au Tout, indépendamment de celle des esprits finis, et que l'on pût se représenter ou concevoir au moins à l'instar de l'intelligence humaine. Celle-ci est une, simple, indivisible dans chaque individu : on ne trouve rien de semblable dans l'Esprit universel, qui n'est ni substance ni attribut; qu'on ne sait d'ailleurs comment se représenter, dont on ne sait que faire, et qui, s'il est autre chose qu'une abstraction, s'il est quelque chose, ne joue du moins aucun rôle dans l'univers ni à titre de cause finale, car on n'en veut point, ni en aucune autre manière. Au surplus, nous verrons dans un instant si l'on peut tirer quelque conclusion définitive des principes, des raisons, des explications et des preuves métaphysiques de M. Vacherot.

Mais nous avons encore un point très-important à discuter, toujours en ce qui concerne la différence fondamentale que l'on prétend établir entre l'Être et les êtres. Il s'agit de l'*unité*, qui n'appartiendrait, suivant nos philosophes, qu'à l'universel exclusivement, comme l'infini et l'absolu, ou d'autres caractères qui dérivent de ceux là.

Nous leur accordons sans difficulté que l'Univers est un, et qu'il peut l'être à plusieurs égards, même qu'il est tout, bien que cela ne soit pas aussi évident, si l'on entend par là, et on le dit en effet, que l'univers et Dieu ne sont qu'un seul et même être sous deux noms différents, auxquels on a substitué celui d'Être universel. En tout cas, on peut soutenir qu'il est un, qu'il est tout, qu'il est infini; mais ces trois assertions ne sont pas absolument liées entre elles, et la dernière au moins ne suppose pas du tout la seconde. En effet, comme il y a plusieurs sortes d'infinis entièrement indépendants l'un de l'autre, on a eu tort de dire que l'univers ne peut être infini qu'à la condition d'être tout, à moins que l'on ne prétendît qu'il est infini sous tous les rapports, et c'est précisément ce que nie M. Vacherot : il ne reconnaît que deux infinis, l'éternité et l'immensité. Réciproquement, l'univers pourrait être tout sans qu'il s'ensuivît nécessairement qu'il fût infini en étendue, et cela ne l'empêcherait pourtant pas non plus d'être un. Ainsi, relativement à l'unité, l'infini en étendue, ou l'immensité, n'entre pour rien dans la question. Or, ôtez cet infini, et vous retrouverez dans l'atome, attachés à sa *propriété* essentielle, tous les caractères que l'on attribue ici à l'univers, et qui, abstraits de toute propriété réelle, composent, dit-on, son essence. Si donc quelque chose est véritablement un, c'est surtout l'atome, d'autant plus qu'il jouit seul d'une indivisibilité absolue. Donc l'unité n'appartient pas exclusivement à l'Être universel.

Certes, l'univers est un, et sous divers points de vue. D'abord, il est un comme substance, puisqu'il n'y en a qu'une, et que, de plus, il est tout. On pourrait demander si cette dernière condition est indispensable pour qu'il soit un en tant que substance. Il est du moins évident que cela ne dépend pas de ce que le tout serait infini plutôt que fini en étendue. Et quant à l'étendue elle-même, il faut la laisser en dehors de la question à laquelle elle est complètement étrangère ; car ce n'est pas, comme on l'a cru généralement depuis Descartes, l'étendue qui constitue la substance des corps ou qui en est la propriété essentielle. Ce qui constitue cette substance, et il n'y en a point d'autre, puisqu'il n'y en a qu'une, c'est l'impénétrabilité. Celle-ci n'est pas, comme l'étendue avec laquelle elle n'a rien de commun, susceptible de plus et de moins ; elle existe au même degré dans tous les êtres réels ou substantiels sans distinction d'individualité ou d'universalité.

Si l'on considérait l'impénétrabilité comme une force, et que l'on rejetât l'opinion fausse qui fait consister la substance dans l'étendue, on comprendrait comment et pourquoi Maine de Biran, d'après Leibnitz, a voulu substituer la force, qu'il affirme être la même partout, à la substance telle qu'on la concevait alors et qu'on la conçoit encore assez généralement aujourd'hui. Cependant, il eût été plus clair et mieux compris par moi comme par d'autres si, au lieu de vouloir *remplacer*, il avait simplement *défini* la substance par la force, ou mieux, par cette force dont nous parlons, laquelle seule est la même partout.

Tout corps est *composé*, souvent de corps plus simples, toujours d'éléments matériels. De là les diverses propriétés qui le distinguent des autres corps, qui le font être ce qu'il est actuellement, qui déterminent sa nature particulière. Elles n'ont rien de constant ni d'absolu; toutes sont purement accidentelles, ou ne sont essentielles que dans un sens relatif. Mais sous toutes ces propriétés, il en est une fondamentale que toutes les autres supposent, et qui ne saurait ni changer ni périr: c'est l'impénétrabilité, qui seule constitue l'essence absolue de chaque corps et sa substance même. C'est par là qu'il est véritablement un; et l'univers, sous ce rapport bien entendu, ne l'est pas autrement, ni à un degré plus élevé ou d'une manière plus complète.

En second lieu, il est un, en ce qu'il ne forme qu'un seul système de corps, qu'on ne saurait diviser sans le détruire, et qui, par conséquent, est indivisible comme tel. Eh bien! je ne vois pas, à cet égard, la moindre différence entre l'univers et la machine la plus simple.

Enfin, il est un par son organisation, qui en forme un Être réel et vivant, indivisible aussi comme tel. Mais l'homme, l'animal, le moindre insecte, n'est-il pas un au même titre?

Non-seulement l'homme est un comme substance et comme organisme (lequel est lui-même aussi un système de corps, quoique fort différent d'un système astronomique); il est un encore et principalement comme esprit, tandis que l'univers ne l'est pas à ce titre, puisqu'il n'a point d'intelligence propre; ou, s'il n'est Esprit que parce qu'il y a dans le monde des esprits particuliers et qu'il les contient tous, il est évident que, sous ce rapport, il n'est pas un, à proprement parler, mais simple collection.

C'est ici sans doute qu'on se retranchera derrière cette prétendue essence universelle ou divine, absolument une, absolument simple, absolument indivisible, qui n'est ni la matérialité, ni la spiritualité, ni l'une et l'autre ensemble, et dont tous les êtres réels ou substantiels dériveraient comme des effets *divers* d'une *seule et même* cause.

Pour se rendre raison, autant que possible, de cette théorie, il faut mentalement séparer dans le temps des choses qui évidemment sont contemporaines, sinon tout à fait inséparables, telles, par exemple, que l'univers et les parties dont il se compose; telles surtout que l'univers et son essence : il faut concevoir que cette dernière existait avant toute chose, et considérer ensuite comme des effets, des manifestations de cette inconcevable essence, tous les corps et tous les esprits, même la Nature entière et l'Esprit universel; en sorte que l'essence universelle ou divine serait antérieure à l'univers; celui-ci antérieur à tout ce qu'il contient; le système entier, antérieur aux parties dont il est formé, et l'organisme, antérieur aux organes. Tout cela soulève de grandes difficultés.

Toujours est-il que l'Univers est un, soit comme organisme vivant, sinon spirituel, soit au moins comme système de corps, et en ce sens qu'il ne saurait être, sous ce rapport, divisé sans être détruit, sans cesser d'exister, non absolument ou en tant que matière, mais sous telle ou telle forme. Il n'en est pas moins vrai qu'absolument parlant, il est divisible ou conçu comme tel, pour ne pas dire qu'il est actuellement divisé, puisqu'il a des parties systématiquement ou organiquement disposées.

Ce qui ne l'est pas sans doute, c'est l'essence même de l'univers, soit telle que les métaphysiciens l'ont faite, en cherchant, pour ainsi dire, à la quintessencier, soit telle que je la conçois, sous une forme plus concrète.

Ce qui ne l'est pas non plus et ne saurait l'être en aucune façon ni sous aucun rapport, bien que ce soit une réalité; ce qui est absolument indivisible, absolument simple; ce qui n'est pas susceptible de plus et de moins et n'a point de degrés; ce qui n'a rien de relatif ni d'accidentel; ce qui ne peut ni changer ni périr, ce qui est immuable; ce qui n'a ni commencement ni fin; ce qui ne dépend d'aucune cause, d'aucune essence, d'aucun principe antérieur (si l'on rejette la création); ce qui lui-même (s'il n'y a qu'une substance) est le principe de tous les êtres; ce qui est inconditionnel et absolu; ce qui existe de soi-même et de toute éternité: c'est l'atome de la matière; c'est l'atome, dis-je, dont la propriété fondamentale, l'impénétrabilité, appartient également à tous les corps, dont elle est l'essence absolue.

Cette doctrine ne s'opposerait nullement, tant s'en faut, à l'existence d'une intelligence suprême, qui ne saurait être, il est vrai, ni le *principe* des *êtres*, ni la cause *efficiente* d'aucun *phénomène*, mais qui serait la cause *finale* de certains *résultats*, tels que nous en présentent les divers organismes, et par suite la raison même de l'existence relative des êtres organisés considérés sous cette forme.

Si l'on disait que cette manière de voir, ainsi que toutes les observations ou réflexions qui précèdent, ne sont, comme, en effet, nos métaphysiciens ne manqueraient pas de me le reprocher, que des rêves de l'imagination qui ne prouvent rien contre eux, je répondrais que cela est fort possible, et que, du reste, je n'avais pas la prétention de rien démontrer, encore moins de donner pour certaines des opinions qui me sont propres; que je me proposais simplement, en me plaçant d'ailleurs, et c'est peut-être là mon plus grand tort, au point de vue de la logique vulgaire et de l'expérience, de faire quelques objections contre tels ou tels principes, que je ne me flatte pas non plus de comprendre très-parfaitement.

Voyons donc si la grande démonstration métaphysique de M. Vacherot, à laquelle nous touchons enfin, pourra nous satisfaire. Ainsi je finirai par où il a commencé : en cela du moins, si l'on me supposait l'intention formelle de le réfuter, on pourrait nous donner également raison à tous deux; car, en effet, quand on construit une pyramide, on commence nécessairement par la base, comme l'a fait M. Vacherot; quand on veut la détruire pour en examiner les matériaux, on commence par le sommet.

III.

17. Dieu, d'après la définition qu'en donnent les théologiens, est un pur idéal, dit M. Vacherot, p. 499; il n'existe que dans notre esprit; plusieurs des attributs qu'on lui accorde sont inconciliables avec la réalité, et la définition ne peut convenir ou s'appliquer à aucun être réel.

Cela étant, il y avait deux partis à prendre, ou réformer la définition ou nier Dieu.

Si je ne me fais pas illusion, M. Vacherot prend l'un et l'autre partis. Car, en premier lieu, du moment où l'on ne reconnaît pas une intelligence suprême, universelle, soit séparée du Monde, soit unie au Monde, ou comme substance ou comme attribut, il me semble qu'au fond l'on nie positivement Dieu, et qu'on ne l'admettrait pas de cela seul que, par un abus de langage, on donnerait ce nom à l'univers. En second lieu, M. Vacherot réforme, en effet, la définition des théologiens, c'est-à-dire qu'il en retranche certains attributs, ceux que l'univers ne saurait avoir. Ainsi, par exemple, Dieu n'est pas infini à tous égards ou sous tous les rapports; il n'est infini qu'en étendue et en durée, parce que le monde, sans doute, ou l'univers ne peut pas l'être autrement. La définition de Dieu ainsi rectifiée devient celle du monde.

« Pour nous, dit l'auteur, le Monde n'étant pas moins que l'Être en soi lui-même, dans la série de ses manifestations à travers l'espace et le temps, possède l'infinité, la nécessité, l'indépendance, l'universalité et tous les attributs métaphysiques que les théologiens réservent exclusivement à Dieu. Il est clair, dès lors, qu'il se suffit à lui-même, quant à son existence, à son mouvement, à son organisation et à sa conservation, et n'a nul besoin d'un principe hypercosmique. » (545.)

On ne voit figurer parmi tous ces prétendus attributs ni la spiritualité, ni même la matérialité, ou l'impénétrabilité, cette propriété fondamentale, essentielle, *absolue*, de tous les êtres, et par suite de leur ensemble. Voici la raison qu'on en donne.

« C'est le propre de l'Être universel d'être tout, sans être aucune réalité déterminée ou particulière. Voilà pourquoi, dans la définition rationnelle de Dieu, il faut bien se garder de faire entrer une propriété, un attribut quelconque de la réalité, si grand et si excellent qu'il soit. Quand on a dit qu'il est l'infini, l'absolu, l'universel, l'Être, la définition est complète. Tout attribut qu'on ajoute pour la préciser ou l'enrichir ne peut que la fausser. » (524.)

Je conçois parfaitement qu'aucune des propriétés accidentelles que possèdent tels individus, et non d'autres, ne doit entrer dans la définition de l'Être universel : telle est la spiritualité, qui, dans le système de l'auteur ou l'hypothèse d'une substance unique, ne peut être qu'une propriété accidentelle n'affectant qu'un certain nombre d'individus, à des degrés très-différents et sous des formes très-diverses. Mais en serait-il de même d'une propriété invariable qu'ils posséderaient tous et au même degré; qui constituerait l'essence absolue de chacun d'eux et serait essentielle à son existence même? Non; une telle propriété, bien qu'elle ne fût qu'une réalité déterminée dans chaque être en particulier, appartiendrait également au tout. Le nier serait admettre une contradiction palpable et une évidente impossibilité. Or une telle propriété existe et doit nécessairement exister. Nous lui donnons, faute d'en trouver un meilleur, le nom un peu vague de matérialité ou d'impénétrabilité. Cette propriété doit donc absolument entrer, et entrer la première, s'il y en a d'autres, dans la définition de l'Être universel, non pour la préciser ou l'enrichir, mais pour qu'elle ait une signification quelconque; non pour donner de cet Être une idée plus haute ou plus complète, mais tout simplement pour en faire de rien quelque chose; car on ne pourrait plus, en conscience, soutenir que le Monde est un être réel s'il n'avait aucune qualité réelle. Certes, je ne m'aviserais pas d'*ajouter* une propriété essentielle, fondamentale, à de simples caractères, tels que ceux qu'on désigne sous le nom d'attributs métaphysiques; mais je suis bien forcé d'admettre, et avant tout, cette propriété constitutive des êtres, comme sujet, comme soutien de tous ces caractères, qui sans elle ne seraient rien.... que des mots vides de sens.

Je comprends fort bien comment une propriété pourrait être ou absolue ou relative, pourrait avoir l'un ou l'autre de ces deux caractères, selon qu'elle serait essentielle ou accidentelle; comment une substance pourrait être infinie ou finie en étendue; comment un tout pourrait avoir ou n'avoir pas le caractère de l'unité, suivant que ses parties, liées entre elles ou indépendantes les unes des autres, formeraient ou non un seul système, soit physique, soit organique. Mais je ne comprendrais pas comment, en dehors de toute réalité et de toute application possible, ces caractères, ceux du premier comme ceux du second ordre, seraient autre chose que de pures abstractions. Séparés de toute réalité substantielle, formeront-ils seuls une essence, l'essence d'un être réel tel que le monde, et de laquelle dériveraient tous les êtres particuliers, esprits et corps, y compris la Nature entière et l'Esprit en général (qui n'est aussi qu'une abstraction, mais une abstraction réalisée, puisqu'on le fait marcher parallèlement côte à côte avec la Nature)? Non, je ne puis le croire.

Il me semble donc que, si le Dieu de la métaphysique ou son essence n'est que l'ensemble des caractères du premier ordre, je veux dire de l'infini, de l'absolu, de l'inconditionnel, de l'indépendant, de l'universel, etc., ce n'est qu'un être de raison, un idéal, si l'on veut, tout aussi bien et beaucoup plus évidemment que le Dieu de la théologie, lequel a du moins des propriétés réelles, l'intelligence, par exemple, auxquelles on peut facilement appliquer tels et tels des caractères dont nous parlons.

Avant donc d'affirmer, avant de vouloir et de pouvoir nous faire admettre que telle chose possède ces mêmes caractères, il faut qu'on nous dise quelle est cette chose, il faut qu'on nous la fasse connaître, c'est-à-dire qu'on la définisse par ses attributs réels, si c'est quelque chose de réel. Jusque-là, le nom qu'on lui aurait donné ne serait pour nous qu'un terme arbitraire et sans valeur. Autant vaudrait le remplacer, à l'imitation des algébristes, par la lettre x, qui pour eux représente une quantité inconnue, et qui pour nous représenterait la chose inconnue qu'il s'agit de déterminer ou de spécifier. Nous aurions ainsi, pour chacun des caractères dont nous parlons, pour l'infini, par exemple, quelque chose d'analogue à cette équation : $x = \infty$ (x égale l'infini). Partant de là, si je faisais cette demande : Qu'est-ce qui est infini ? on me répondrait : c'est x. Fort bien, dirais-je; mais qu'est-ce que x? C'est ce qui est infini. On n'en dit pas davantage au fond; et ce serait bien en vain, d'ailleurs, qu'on ajouterait : x, c'est l'Être universel, c'est Dieu, c'est l'Univers; je n'en serais pas plus avancé, tout au contraire, puisque les idées que j'ai de Dieu et de l'univers sont fausses ou censées telles, et que la question est précisément de savoir ce que c'est que l'univers, ce que c'est que Dieu considéré indépendamment de son caractère d'infini et des autres du même genre, si toutefois il a quelques attributs réels ou différents de ces caractères, de ces attributs métaphysiques, et si tout ne se réduit pas à ceci : $x = \infty$ et $\infty = x$. Il est évident que ce serait la même chose soit pour chacun des autres caractères, soit pour leur ensemble.

Si l'on s'en tient à l'hypothèse exprimée par ces équations, il restera toujours à savoir comment de là pourra sortir la nécessité ou la possibilité d'identifier Dieu avec l'univers.

18. Le Dieu des métaphysiciens, qu'ils nomment Dieu de la raison, ne paraît être, au premier coup d'œil du moins, qu'un terme collectif dont l'objet n'existerait que dans notre esprit à titre d'idée. Est-ce là le Dieu dont ils veulent démontrer l'existence?

Oui, diront-ils peut-être; mais si, tout en le considérant d'abord de cette manière, nous prouvons, d'une part, que tous ces caractères (d'infini, d'absolu, d'universel, etc.) se trouvent, en effet, réunis dans un seul et même être (x), peu importe lequel; et d'une autre part, que le monde en son entier possède tous ces caractères, tous les attributs métaphysiques que la théologie réserve exclusivement à un être imaginaire séparé du monde et qu'elle appelle Dieu : nous aurons par là même démontré que ce Dieu ne fait qu'un avec le monde. De là vient que nous appelons indifféremment Dieu ou le monde l'Être universel, unique, qui est le sujet de tous ces attributs ou caractères.

D'après cela, ce serait donc uniquement en tant qu'un être, quel qu'il fût d'ailleurs, posséderait tous ces attributs métaphysiques, qu'il serait appelé Dieu par les métaphysiciens. Je présume que cette manière de voir trouvera peu de partisans : que chacun, au surplus, en pense ce qu'il voudra; voici mon opinion à cet égard.

J'admets sans difficulté, je crois en effet, et l'on peut facilement prouver que l'univers en son entier ou même simplement le monde physique (si l'un diffère de l'autre) a tous les caractères dont il s'agit (excepté, peut-être, celui d'infini, que, toutefois, nous lui supposerons). Mais pourrait-on en conclure que le Dieu des théologiens, sauf ce qu'on en a retranché, et le monde ne soient qu'un? Non, certes, cette conclusion ne serait pas juste; parce que, quoi qu'on en dise, ce ne sont pas ces caractères eux-mêmes, ces caractères seuls du moins, pas plus que les caractères opposés; ce sont les propriétés réelles auxquelles on les applique qui font l'essence des choses et par suite les choses elles-mêmes. Ainsi, d'un côté, ce sont bien, si l'on veut, ces caractères eux-mêmes, mais joints, ou plutôt appliqués à certains attributs réels, tels que l'intelligence, ou l'entendement et la volonté, qui constituent, si je puis m'exprimer ainsi, le Dieu des théologiens ou son essence; et, d'un autre côté, ce sont encore ces mêmes caractères appliqués à quelque propriété toute différente de l'intelligence, telle que l'impénétrabilité, qui constituent l'univers, en même temps que l'essence absolue de chaque corps en particulier.

Il résulte de là que, si l'on veut absolument que le Monde ne fasse qu'un avec le Dieu de la théologie, il faut de deux choses l'une : ou retrancher encore de la définition de Dieu l'intelligence elle-même, en sorte qu'il n'y aurait point d'intelligence divine, comme, en effet, paraît le supposer M. Vacherot; ou bien attribuer à l'Univers une intelligence propre, ce qu'il ne veut pas ou du moins ne fait pas. Il admet bien un Esprit; mais il paraît, d'une part, que ce mot ne représente ici que l'idée générale et abstraite des esprits individuels, et que, d'une autre part, Dieu, ou le Monde, n'est esprit qu'en ce sens qu'il y a des esprits dans le monde et qu'il les contient tous ou qu'il est tout : cela n'a rien de commun avec une intelligence une, indivisible, parfaitement simple, qui serait propre au tout.

Pour les théologiens, Dieu est un Esprit pur; ce qui supposerait une substance distincte de celle des corps, et dont la spiritualité serait la propriété essentielle et fondamentale. Pour les métaphysiciens qui ne veulent qu'une substance, Dieu ou le Monde en son entier, n'est ni spirituel ni matériel; seulement, il a deux faces ou deux aspects, l'Esprit et la Nature.

Ces deux faces dont la dernière, sans doute, est un être réel ou conçu comme tel; dont la première n'est ni un être, ni une manière d'être; ni une substance, ni un attribut, sont néanmoins, l'une aussi bien que l'autre, des déterminations et des manifestations *opposées* d'une *même* essence; on pourrait dire d'une même chimère, enfantée par la métaphysique, construite sans autres éléments que des abstractions. Et si ces deux manifestations sont opposées entre elles, il faut bien que l'une des deux au moins soit opposée à l'essence qu'elle révèle, ce qui paraît contradictoire, impossible. Le parallélisme qu'on veut établir entre ces deux faces de l'univers, qui n'ont aucune analogie l'une avec l'autre, paraît donc insoutenable.

En tout cas, l'on pourrait encore, malgré l'unité de substance, concevoir Dieu intelligent. Mais de quelle manière, à quelle condition le serait-il ? Le voici en deux mots.

Si la spiritualité n'est qu'une propriété accidentelle, relative, et c'est une conséquence inévitable de l'unité de substance, il est clair que l'âme n'est pas un être réel, une substance distincte du corps, et que l'intelligence humaine ou la faculté de penser dans l'homme appartient au corps lui-même, en tant qu'il est organisé, à un degré plus ou moins élevé. Or, si nous raisonnons par analogie, et s'il est vrai, d'ailleurs, que l'Être universel ou l'univers, que Dieu ou le monde, car c'est tout un, est un être vivant, parfaitement organisé, nous serons naturellement amené à conclure que cet Être est, de la même manière que l'homme et à bien plus forte raison, doué de facultés intellectuelles, ou d'intelligence.

Se pourrait-il, cependant, que l'intelligence divine, s'il y en avait une, dépendît de la matière, de son organisation, et qu'elle eût pu se former, se développer, s'accroître, grandir et se perfectionner avec elle ? Non, en conscience, cela n'est pas possible. Au surplus, cette prétendue organisation de Dieu ou du Monde n'est nullement démontrée, et l'on ne conçoit même pas comment un seul être pourrait à la fois présenter deux systèmes de corps formés chacun de toutes ses parties, l'un astronomique, tel qu'il existe en effet, et l'autre organique. Et pourtant, il n'y a pas de milieu, il faut opter entre deux hypothèses qui ne répugnent guère moins l'une que l'autre, c'est à savoir, ou que l'intelligence divine dépend de l'organisation de la matière, ou qu'elle n'existe pas du tout. Triste alternative en vérité.

Dans la dernière hypothèse, Dieu lui-même n'existerait pas, à proprement parler ; car pourrait-on appeler Dieu, un être dépourvu d'intelligence, eût-il d'ailleurs tous les caractères qu'on lui attribue, et que l'on peut également attribuer à l'univers, même à la matière sans forme, ou à la seule propriété essentielle et absolue qui constitue son essence ?

Toutes ces difficultés et plusieurs autres disparaîtraient à la fois, si l'on admettait deux substances distinctes, deux êtres réels, l'esprit et la matière.

Mais laissons là ces difficultés, et voyons, en lui-même et dans ses détails, le raisonnement par lequel on veut démontrer l'existence de Dieu et son identité avec le Monde.

19. « Il est un axiome sur lequel reposent toutes les définitions et démonstrations de la métaphysique; c'est le principe qu'il y a de l'être partout et toujours. La proposition est bien un axiome, en ce qu'elle exprime un jugement identique, et d'une évidente identité. L'idée de l'être est seule positive; l'affirmation du néant implique contradiction. » (502.)

Si l'on disait qu'il y a de l'être partout, en ajoutant : partout où il y a quelque chose, on pourrait considérer le jugement comme identique; mais alors ce jugement ne serait qu'une proposition frivole, qui ne mènerait à rien. Si l'on soutenait, au contraire, qu'il y a de l'être partout, même où il n'y a rien, le jugement serait contradictoire, et ne pourrait conduire qu'à l'erreur. Quant à l'assertion en elle-même, ce n'est pas plus un jugement identique qu'un jugement contradictoire. Ce n'est pas non plus, sous un autre point de vue, un jugement analytique; car, quel que soit celui des deux termes que l'on veuille prendre pour sujet, en prenant l'autre pour attribut, le sujet ne contiendra pas l'attribut, c'est-à-dire que l'idée qu'exprime le mot *partout* ne sera pas plus renfermée dans l'idée d'*être*, que celle-ci dans la première. La proposition ne sera donc qu'un jugement synthétique, une synthèse, une construction *à posteriori* de l'entendement, fondée sur la *supposition* qu'il n'y a point de vide, que tout est plein, qu'il n'y a qu'un seul Être, à proprement parler, qu'il n'y a qu'une substance, matérielle, étendue, sans le moindre intervalle vide, en sorte qu'*être* et *partout* seraient identiques en effet, synonymes dans l'expression : toutes choses que l'on croit, au contraire, *démontrées* par cet axiome prétendu posé *à priori*, par cette assertion, qu'il y a de l'être partout et toujours, laquelle sans doute pourrait être vraie, mais aurait besoin d'être elle-même démontrée, et d'autant mieux qu'elle est formellement démentie par l'expérience et le sens commun. Je sais bien qu'on me répondra que, pour juger le fond des choses, il faut prendre *le contre-pied de l'expérience*. Cela est possible encore; mais je désirerais aussi qu'on me le prouvât, attendu que je ne connais aucune loi de la raison qui m'imposerait cette nécessité; pas plus que je ne connais les lois de la raison qui autorisent les métaphysiciens à nier les lois de la mécanique et d'autres lois de la nature.

« L'idée de l'être est seule positive; l'affirmation du néant im-
» plique contradiction. » — Entendons-nous bien. Si l'on prend dans son sens propre ce mot néant, qui ne signifie autre chose que la non-existence de tout ce qui existe, il est certain qu'en affirmant le néant, on se trouverait en contradiction avec les faits aussi bien qu'avec la raison; car il est physiquement et logiquement impossible que ce qui existe n'existe pas actuellement. Mais si l'on donne à ce mot un sens plus restreint, et qu'on ne veuille parler, s'il est permis de s'exprimer ainsi, que d'un néant partiel ou local, auquel cas il n'est autre chose que ce qu'en d'autres termes on appelle le vide, l'espace proprement dit, on peut très-bien affirmer ou soutenir sans contradiction, même quand cela serait faux, que ce néant, ou que le vide existe; non *partout*, mais là où n'existe rien ni pour les sens, ni pour la conception, et plus particulièrement entre des atomes qui ne se touchent pas à la rigueur. Seulement, il faut faire attention que ce mot *exister* a deux sens, l'un positif, l'autre négatif : ainsi, par exemple, quand, en parlant de tel ou tel objet, on dit qu'il existe, on prend ce mot dans le sens positif; on le prendrait au contraire dans un sens négatif, si l'on disait, d'un vase clos, qu'il y existe un vide absolu, ce qui ne voudrait dire autre chose sinon qu'il n'y existe absolument rien. Il me semble, en tout cas, que M. Vacherot n'a nullement résolu la question de savoir s'il y a ou non du vide dans la nature. Mais revenons à l'axiome précité.

« Cet axiome domine la catégorie de l'existence, et par suite toutes les autres catégories, qui s'y rattachent par la relation de l'attribut au sujet. C'est en vertu de cette loi que la raison conçoit l'être comme infini, comme absolu, comme nécessaire, comme universel; c'est-à-dire que la pensée ne peut s'enfermer dans les représentations et les notions de l'être telles que les lui donnent l'imagination et l'entendement.... Du moment que l'être lui est donné (à l'esprit) sous une forme déterminée, l'axiome précité ne lui permet de s'arrêter ni à cette forme, ni à toute autre, si étendue qu'elle soit. Alors la raison *pense* l'être avec de tout autres attributs que l'expérience ne l'avait perçu. De là la conception de l'infinité, de la nécessité, de l'indépendance, de l'universalité et de tous les attributs de l'être. Voilà comment cet axiome est le *fiat lux* de la métaphysique tout entière. » (503.)

Arrêtons-nous un moment, pour voir jusqu'à quel point pourrait être fondée cette prétention.

Peut-être n'avons-nous pas besoin de cet axiome, si c'en est un, si ce n'est pas une simple hypothèse, pour ne pas nous arrêter à la forme, aux propriétés particulières du premier être venu, ni à aucune autre propriété accidentelle ; car il me semble que la moindre réflexion sur cetaines connaissances acquises doit nous suffire pour aller plus loin. Il me semble même que nous n'en avons pas non plus besoin pour arriver à plusieurs des conceptions dont il s'agit, et qu'une simple logique, jointe à des observations comparées, peut nous y conduire. Qu'importe, en effet, qu'il y ait du vide ou qu'il n'y en ait pas ; qu'importe ici que nous ignorions ou que nous sachions positivement qu'il y a de l'être partout, que tout est plein ; qu'y a-t-il de commun entre cet axiome et la nécessité, l'indépendance, l'universalité de l'univers ? Si cet Être universel est un, s'il est absolu, cela ne dépend certainement pas de ce qu'il y aurait de l'être partout. Mais ce qui en résulterait directement, c'est que l'univers est infini.

En effet, supposé qu'il ait des bornes, qu'il soit limité : comme, en toute hypothèse il ne peut rien y avoir en dehors de l'univers, et que, par conséquent, dans la supposition qu'il a des limites, il n'existe rien au delà de ces limites, que du vide, il s'ensuivra qu'il y a de l'être où il n'y a que du vide, qu'il y a quelque chose de réel où il n'y a rien, ce qui est contradictoire. Donc, il est infini. Et dès lors, pour éviter toute équivoque, il faudra substituer à ces mots : il n'y a rien hors de l'univers, cette expression plus simple et plus claire : l'univers n'a point de dehors.

L'axiome prouve donc, et peut seul prouver l'infinité de l'Être universel : la science peut bien, par ses observations et ses inductions ou déductions, constater l'immensité de ce grand corps; mais elle ne saurait faire un pas de plus dans cette voie et parvenir à démontrer qu'il est infini. Loin de là, si elle est conséquente, et s'il est vrai, d'ailleurs, que le monde entier ne forme qu'un seul système de corps, sous l'influence ou la puissance de la gravitation universelle et de ses lois (ce que, du reste, elle se gardera peut-être bien d'affirmer), elle devra conclure que le monde doit nécessairement avoir un centre et des limites; conclusion qui ne s'accorderait pas avec l'axiome. Faut-il la sacrifier en conservant le fait dont elle paraît être une conséquence inévitable; ou faut-il sacrifier le fait avec la conséquence; ou bien, enfin, faut-il les conserver l'un et l'autre (l'unité de système et les bornes de l'univers), en leur sacrifiant l'axiome? Nous laisserons à d'autres le soin de résoudre cette petite difficulté.

De toute façon, le monde, ou l'univers, considéré seulement comme un système de corps, est une pure forme, qui a son principe dans les corps mêmes dont il est formé, et sa cause, sa principale cause du moins, dans la force d'attraction. L'univers entier, soumis à cette force et à ses lois, ou, plus généralement, aux lois de la mécanique, subit des transformations, des variations continuelles, qui dépendent de celles que les corps éprouvent; et tout porte à croire qu'il est aujourd'hui fort différent de ce qu'il était il y a quelques milliers ou millions de siècles. Sous ce rapport donc, tout dans l'univers paraît accidentel, relatif, conditionnel, variable, contingent. Mais, au fond de tout cela, il existe une propriété essentielle, absolue, indépendante, immuable, nécessaire. Or cette propriété fondamentale, quelle qu'elle soit, de quelque manière qu'on l'envisage, et quel que soit le nom qu'on lui donne, qu'on l'appelle impénétrabilité ou plus simplement matérialité, se trouve également dans chaque être particulier; elle est la même partout, sans la plus légère différence dans le plus ou le moins; tous les êtres de la nature la possèdent et au même degré.

Ce serait encore la même chose, si l'on considérait l'univers, non plus comme un simple système pour ainsi dire mécanique, comme un système astronomique, mais comme un véritable organisme, qui, du reste, formerait également un système de corps, mais plus compliqué, plus difficile à concevoir, en raison de ce qui devrait être considéré comme ses organes, et soumis à d'autres lois, toutes différentes des lois de la mécanique ; supposé, d'ailleurs, que deux pareils systèmes pussent se concilier et appartenir au même être.

On pourrait demander, par occasion, si l'univers est, en effet, un être organisé, vivant. La métaphysique l'affirme, sans le démontrer. La science, de son côté, est impuissante à constater le fait, à prouver qu'il est bien réel. Mais il faut dire aussi qu'elle ne saurait prouver le contraire, si ce n'est, en quelque sorte, d'une manière négative, je veux dire, en faisant observer, d'une part, qu'il est impossible de concevoir un être organisé qui n'a, dit-on, ni centre, ni limites ; et d'autre part, qu'on ignore complétement quels sont et où sont ces organes, que personne n'a jamais vus ; que si on les cherche soit dans les sphères célestes prises chacune séparément, soit dans tels et tels systèmes partiels plus ou moins composés, on n'y trouvera rien, ni par les sens, ni par l'imagination, ni par la conception, qui ait la moindre analogie avec nos organes et leurs fonctions.

Quoi qu'il en soit, il est de la dernière évidence qu'il y a dans chaque être particulier comme dans l'Être universel, quelque chose d'essentiel, d'immuable, de général, ou d'universel, d'absolu, d'inconditionnel, de nécessaire ; et quelque chose d'accidentel, de changeant, de particulier, de relatif, de conditionnel, de contingent. Il est donc absolument faux, il est physiquement et logiquement impossible que ces derniers attributs et caractères n'appartiennent exclusivement qu'aux êtres particuliers, et les autres exclusivement qu'à l'Être universel. L'auteur insiste sur ce point de la manière suivante :

« L'axiome trouvé, tous les jugements qui s'y appuient ne sont pas difficiles à exprimer en définitions. La raison prend le contrepied de l'imagination et de l'expérience, dans ses jugements sur le fond des choses. Si tout être est perçu ou imaginé comme fini, contingent, relatif, particulier, mobile, l'être, en tant qu'être, est conçu comme infini, absolu, nécessaire, universel, immuable. » (503.)

Arrêtons-nous un instant sur ce dernier mot. Le contraire de *mobile*, c'est *immobile*, et non pas *immuable*. Ce sont là deux choses fort différentes, que l'auteur paraît confondre, dans l'intérêt de son système ou de son raisonnement. Ce serait une erreur grave, qui pourrait entraîner d'autres erreurs.

Par contre, il fait en quelque sorte, de deux points de vue différents, opposés entre eux il est vrai, deux réalités distinctes qui n'appartiendraient pas au même être, comme, par exemple, l'absolu et le relatif. Il n'a pas vu qu'il suffisait de considérer un être particulier en lui-même, ou en tant qu'être, ou en ce qu'il a de commun avec tous les êtres possibles, pour reconnaître aussitôt qu'il est absolu sous ce rapport, et qu'il est tel en réalité par une propriété essentielle, fondamentale, immuable, absolue, sans laquelle ses propriétés accidentelles et relatives n'existeraient pas plus qu'il n'existerait lui-même. C'est sur cette erreur, bien autrement grave encore que la première, qu'est fondée toute la théorie de M. Vacherot sur l'Être universel.

La plus grande différence, la seule différence fondamentale peut-être qui distingue l'Être des êtres, est celle qui se trouve entre l'infini et le fini. Mais s'il ne s'agit que de l'infini et du fini en étendue, ce n'est là qu'une différence de quantité et non de qualité, ou d'attribut, ou de caractère. Si l'univers est infini en étendue (ce qui du reste n'est pas prouvé, n'est pas certain, n'est pas incontestable), il est évident qu'il ne peut l'être que comme système de corps, ou en tant que matière. Or : d'une part, si l'étendue n'est pas une propriété des corps ou de la matière (et elle ne l'est pas plus que la durée), une étendue infinie, ou l'infini en étendue, n'en sera pas une non plus ; et d'une autre part, cet infini en étendue ne peut ni faire partie de l'essence universelle, c'est une conséquence de ce qui précède, ni être compris parmi les caractères, ou attributs métaphysiques de cette essence, que du reste les métaphysiciens, par la plus incroyable méprise, font consister dans ces caractères eux-mêmes (ce qui leur donne beau jeu pour faire un Dieu de l'univers). De toute façon, les véritables caractères de l'Être universel, ou de son essence, quelle qu'elle soit, sont l'absolu, l'indépendant, l'immuable, le nécessaire, etc., qui tous se supposent l'un l'autre, sont intimement liés entre eux, mais dont aucun n'implique l'infini dans l'espace, ni ne rappelle l'idée de dimension, ce qui est réciproque. L'infini en étendue est donc une chose tout à fait à part, qui ne peut faire partie ni de l'essence de l'Être, ni des caractères de cette essence ; pas plus que l'étendue limitée et plus ou moins grande d'un corps ne fait partie de l'essence, absolue ou même relative, de ce même corps.

Abordons une autre question. M. Vacherot dit vrai lorsqu'il affirme, p. 508, que le Monde, qui contient en soi toutes les causes des phénomènes, n'est pas lui-même un simple phénomène, un effet, qui supposerait une cause efficiente hors du monde : il a donc parfaitement raison quand il soutient qu'on ne saurait démontrer l'existence de Dieu (d'un Dieu séparé du monde) par le principe de causalité.

Le monde est avant tout une substance, un être réel, ou substantiel. Comme tel, il n'a point de cause efficiente, de cause proprement dite. Il faut donc de deux choses l'une, ou qu'il existe par lui-même, ou qu'il ait été créé. L'a-t-il été en effet? C'est ce qu'il faudrait prouver d'abord ; et on ne le prouvera pas non plus par le principe de causalité; car il y a un abîme entre les simples causes *efficientes* productrices des *phénomènes*, et la cause *créatrice* des *substances*, s'il y en a une.

Nous ne voulons ni ne pouvons rien dire de cette création, parce que nous ne la comprenons pas, que nous n'y croyons pas, qu'on ne saurait la démontrer, et que l'existence de Dieu n'est nullement intéressée dans cette question. Ce n'est ni par une création posée *à priori*, ou sans preuve, ni par le principe de causalité, qu'on peut démontrer l'existence d'une cause intelligente suprême ; c'est uniquement, selon moi, par l'argument tiré des causes finales, que néanmoins M. Vacherot rejette également, sans en alléguer aucune raison péremptoire.

Il ne veut pas non plus qu'on puisse tirer de l'idée de perfection (idée sur laquelle nous reviendrons bientôt) aucune preuve de l'existence de Dieu. Voici, selon lui, la raison de cette impossibilité :

« La catégorie de la qualité et de l'essence a fourni un grand nombre de preuves, fondées sur l'idée même de perfection..... Mais..... de deux choses l'une : ou il s'agit d'un être absolument parfait, et alors cet être n'est qu'un idéal ; ou il s'agit d'un être simplement plus parfait que tous ceux que l'expérience nous livre, et alors la pensée ne peut s'y arrêter. Quant à un être absolument parfait et réel en même temps, c'est une chose qui implique contradiction. » (511.)

J'avoue que je ne vois pas bien clairement pourquoi un être réel et parfait, par hypothèse, impliquerait contradiction, plutôt qu'un être réel organisé supposé sans bornes dans l'espace; car, outre que ceci paraît en effet contradictoire, on pourrait tout au moins douter qu'une réalité infinie, par hypothèse, pût exister en même temps et comme réelle, et comme infinie, sous quelque rapport qu'elle le fût. En tout cas, j'ai peine à croire que M. Vacherot, abandonnant ses catégories, n'ait pas plutôt ici consulté l'observation, et qu'il l'ait bien consultée. Et l'on pourrait aussi demander si, quant à la perfection, il est resté fidèle à cette maxime, que la raison, dans ses jugements sur le fond des choses, prend le contre-pied de l'expérience.

Quoi qu'il en soit, après toutes ces explications et considérations préparatoires, il arrive enfin à la démonstration directe de l'existence de Dieu, c'est-à-dire d'un Être universel (sans perfection absolue, ni toute-puissance; sans intelligence, ni volonté propres).

« Dieu se démontre de la manière la plus simple et la plus rigoureuse, absolument comme la première vérité mathématique venue, par axiomes et par définitions. Les conceptions de l'être, de l'infini, de l'absolu, du nécessaire, de l'universel, sont impliquées de telle sorte dans les notions du phénomène, du fini, du relatif, du contingent, de l'individuel, que la logique ne peut les en séparer. Donc, en affirmant l'un des derniers termes, la pensée affirme l'un des premiers. Et comme elle ne peut rien affirmer que sous les catégories dont je viens de parler, il s'ensuit que toute affirmation, quel qu'en soit l'objet, est une affirmation de Dieu, et peut servir de matière à une démonstration de son existence et de ses attributs. » (513.)

20. Je puis dire sans trop d'exagération que ce raisonnement est de l'hébreu pour moi, comme par suite la démonstration qui s'y appuie. Celle-ci, autant que j'en puis juger en ce qu'elle a de plus clair ou de moins ambigu, me paraît fondée, ainsi que je l'ai

déjà fait pressentir, sur la supposition fausse, faite *à priori*, que les attributs ou caractères du premier ordre, s'ils existent, doivent appartenir exclusivement à un seul et même être, que par ce motif, on appellerait Être universel ou Dieu. En effet, si, dira-t-on, l'affirmation du relatif, par exemple, est une affirmation de Dieu, c'est qu'en affirmant le relatif, la pensée affirme l'absolu, et par là même affirme Dieu. Or cela ne pourrait être vrai (supposé d'ailleurs la conséquence juste) qu'à cette condition que Dieu, ou l'Être universel serait seul absolu, ce qu'il faudrait démontrer d'abord, car ce n'est là ni un axiome ni une définition fondée sur des axiomes. Nous savons, au contraire, et nous l'avons appris par des observations comparées, qu'il y a dans tous les êtres sans exception quelque chose d'absolu, parce que chacun d'eux possède une propriété essentielle de laquelle dépendent toutes ses propriétés relatives et son existence propre elle-même. Ainsi, en affirmant l'absolu, ou même le relatif, qui le suppose nécessairement, j'affirme bien l'être particulier que je considère, et plus généralement un être quelconque, autrement dit l'être *en général*, mais non un Être *universel* dont les attributs et les caractères seraient différents de ceux que nous reconnaissons dans les êtres particuliers. Or cela ne conduit à rien relativement à l'existence de Dieu. C'est là ce que j'aperçois de plus clair dans cette question.

Que la *conception* de l'absolu soit d'ailleurs impliquée dans celle du relatif, je l'accorde; mais cela est réciproque : aucune des deux n'est antérieure à l'autre, elles sont contemporaines, inséparables quant à leur origine; elles ne peuvent surgir dans l'esprit que l'une avec l'autre et l'une par l'autre. Que pouvons-nous tirer de là? Absolument rien, si ce n'est de savoir de quelle manière ou à quelle condition les deux idées peuvent naître en nous.

En est-il ainsi de l'idée ou de la conception de l'être par rapport à celle du phénomène? Nullement. Il n'y a point d'opposition ni de réciprocité entre ces conceptions comme entre celles de l'absolu et du relatif, de l'infini et du fini, du nécessaire et du contingent. Celles-ci sont évidemment opposées entre elles deux à deux, et chacune d'elles, quoique positive, peut être considérée comme une négation de l'autre. Il n'en est pas de même des idées d'être et de phénomène. La dernière n'est pas impliquée dans la première, et si la première (si l'idée d'être, non de l'Être, comme on le dit) est impliquée dans la seconde, si la seconde implique ou suppose nécessairement la première, c'est parce que le phénomène lui-même ne peut pas plus exister que se concevoir sans un être, une substance quelconque. Mais laissons là les idées, et venons aux faits.

Qu'est-ce qu'un être, selon M. Vacherot ? — « L'être proprement dit est ce qui est en soi et par soi. Tout ce qui ne rentre pas dans cette définition n'est que phénomène. » (504.)

Est-ce là l'être dont la conception serait impliquée dans celle du premier phénomène venu ? Je protesterais certainement contre une pareille assertion.

Au surplus, cette définition n'est ni claire ni juste. Elle n'est pas claire, parce que l'on ne comprend pas bien ce que l'auteur entend par l'être *proprement dit*, et qu'il semble vouloir exclure de la définition tous les êtres particuliers, qui ne seraient ainsi que des phénomènes (des modifications sans substance alors !). Elle n'est point exacte, en ce qu'il n'est pas vrai que ce qui n'existe pas en soi et par soi ne puisse exister qu'à titre de phénomène. Un corps, brut ou organisé, n'existe point comme tel par lui-même, puisqu'il suppose, on le sait assez, des principes et des causes, quelque chose d'antérieur dont il dépend; et son existence n'en est pas moins réelle, indépendante de toute manifestation phénoménale : elle l'est d'autant plus qu'il possède, comme tous les êtres de la nature et au même degré, une propriété essentielle, existant en soi et par soi, avec tous les caractères qui en dérivent, et que l'on voudrait attribuer exclusivement à l'Être universel.

Celui-ci ne paraît rien de plus, en définitive, qu'une substance universelle considérée en elle-même, c'est-à-dire avec la seule propriété essentielle qui la constitue et tous les caractères qui s'y rattachent en effet. Encore ne fait-on pas plus mention de cette propriété fondamentale que si elle n'existait pas, pour ne pas dire qu'on la rejette formellement, en tant que réelle; car on n'en veut aucune dans l'Être universel. Or, supprimons cette propriété fondamentale, essentielle, tout s'évanouit à la fois, attributs, caractères, et jusqu'à la substance elle-même. Que reste-t-il donc alors? Des attributs sans sujet? moins que cela, de simples caractères sans attributs, c'est-à-dire absolument rien. Tel est le Dieu *de la raison.*

Il y a dans tout être réel, je ne saurais trop insister sur ce point, trois choses à considérer:

1° La substance, ou la propriété essentielle de laquelle dépend son existence comme être, quel qu'il soit;

2° Des propriétés accidentelles, qui forment ensemble son essence relative, qui en déterminent la nature, qui le font être ce qu'il est actuellement, et qui, jointes à la propriété essentielle, constituent l'être en son entier, sous la forme particulière dont il est revêtu; et

3° Des phénomènes, qui ne sont que des manifestations passagères de toutes ces propriétés.

Ainsi, point de phénomène sans propriété ni de propriété sans substance.

La substance ou la propriété essentielle est donc impliquée dans la propriété accidentelle ou, ce qui est la même chose, la propriété accidentelle implique la substance, c'est-à-dire qu'elle la suppose. Seulement cela n'est pas réciproque; car la substance avec sa seule propriété essentielle et tous les caractères qui en sont inséparables, se conçoit en elle-même et pourrait exister indépendamment de toute propriété accidentelle.

A son tour, la propriété est certainement impliquée dans le phénomène; le phénomène implique, suppose nécessairement la propriété, ce qui n'est pas non plus réciproque; car la propriété peut exister sans se manifester sous aucune forme phénoménale, et c'est ainsi qu'elle existe, en effet, avant et après le phénomène qui la révèle.

On sera peut-être curieux de savoir si, en dépit de ces considérations, des philosophes sont assez intrépides pour soutenir positivement que des réalités substantielles, telles qu'un rocher, un arbre, un cheval ou un homme, ne sont que de purs phénomènes, c'est-à-dire des manifestations de telles ou telles propriétés, de telle ou telle essence réelle. Eh bien, c'est en effet ce que prétendent nos métaphysiciens, à cela près pourtant que l'essence (unique) dont tous ces objets sont des manifestations, n'a rien de réel, n'étant formée que de caractères abstraits, ou, comme ils les appellent, d'attributs métaphysiques. En sorte que la nature entière, qu'on dit être une *manifestation* de cette essence vide, un *effet* (un phénomène) dont cette essence elle-même est la *cause*, n'a pas même la valeur d'un phénomène proprement dit (manifestation d'une propriété réelle, sous l'influence d'une cause réelle). A-t-on bonne grâce après cela de soutenir que tout est plein, et de faire de cette proposition un axiome? Mais reprenons notre analyse.

Ce qui n'est pas impliqué dans telle ou telle substance déterminée que ce soit, ou si l'on veut dans la substance en général, c'est la substance universelle, telle qu'on nous la donne. Et si l'on voulait faire de la substance en général un être réel sous le nom de substance universelle, on ne ferait que réaliser une abstraction. Cela ne veut pas dire que cette substance ne soit qu'imaginaire, qu'elle n'ait rien de réel, mais seulement que sa réalité, ou son existence ne serait pas établie par la démonstration. Elle l'est du reste par l'axiome, si on l'accepte pour valable, puisqu'elle se confond avec lui.

Encore qu'il soit certain qu'en affirmant le phénomène, on affirme la propriété et, par elle, la substance, c'est-à-dire une substance déterminée quelconque, une substance en général; il ne s'ensuit pas que l'affirmation du phénomène soit une affirmation de l'*Être :* on n'affirme par là ni la substance universelle, ni Dieu, ou l'Être universel.

Je ne pense pas non plus que l'affirmation du fini soit une affirmation de l'infini. Nous avons vu que l'*idée*, ou la *conception* de l'infini est impliquée dans celle du fini, et que cela est réciproque. Mais on n'en peut rien conclure en dehors des idées. Car si l'on distinguait les faits des conceptions, ou des idées, on s'apercevrait du premier coup d'œil qu'il est impossible que l'infini lui-même soit impliqué dans le fini, comme s'il en était évidemment une condition, ou que le fini suppose nécessairement l'infini, c'est-à-dire un être réel qui présenterait ce caractère. Je ne prétends pas nier par là l'existence d'un pareil être, je veux dire seulement qu'elle ne me paraît pas constatée par la démonstration.

21. Qu'est-ce que l'infini, selon M. Vacherot? « C'est ce qui est sans bornes dans le temps et dans l'espace. » (504.) Il ne reconnaît pas d'autre infini que celui-là. Arrêtons-nous-y

Le seul infini dont nous ayons une idée parfaitement claire est celui de l'espace lui-même, considéré comme n'étant rien de réel. La possibilité, je dirais même la nécessité de le concevoir infini, consiste uniquement dans l'impossibilité absolue de le concevoir fini, c'est-à-dire de concevoir comment, n'étant rien de réel, n'étant absolument rien, il pourrait avoir des bornes, ou être limité par lui-même. On voit que ce n'est là qu'une idée négative, et qu'il ne s'agit aussi que d'un infini négatif.

Il semblerait, d'après cela, mais je suis loin de vouloir en tirer cette conséquence, que, si l'on se représentait l'espace comme une réalité substantielle, on ne pourrait plus le concevoir infini qu'au prix d'une contradiction, ou que cette prétendue conception, pour mieux dire, ne serait autre chose qu'une illusion de l'esprit. Dans tous les cas, il est certain que nous avons une idée fort claire, quoique négative elle-même, d'un infini négatif.

Quant à l'infini positif, il n'est pas aussi facile de s'en faire une idée; et, de quelque manière que nous l'acquérions, cette idée (si ce n'est pas simplement une illusion) reste toujours assez confuse. D'où cela provient-il? De ce que, suivant toute apparence, nous la formons à notre insu, par le rapprochement de deux idées qui ne sympathisent point, bien qu'elles soient fort distinctes et fort claires toutes deux, c'est à savoir, des idées de l'infini négatif, qui appartient à l'espace, et de l'*indéfini positif*, qui peut appartenir à toute chose dont les *limites*, inaperçues, ne sont point assignables, si bien que l'imagination peut les reculer indéfiniment, sans pouvoir les anéantir.

Existe-t-il en effet, qu'on puisse ou non le concevoir, un infini positif, soit parmi les êtres, soit parmi les attributs? L'univers est-il sans bornes dans l'espace, comme dans le temps? C'est ce qu'on a voulu et cru démontrer par la métaphysique. Pour ma part, j'ai fait observer que, si le monde forme un seul tout, soit astronomique, soit organique, il doit avoir un centre et des limites. Que deviendra la démonstration devant ce fait incontestable?

Supposons toutefois que cette démonstration soit bonne, et qu'en conséquence l'Être universel, *comme nature* au moins, ou en tant que matériel et étendu, soit infini, ou sans bornes dans l'espace : n'en résultera-t-il point que ce même Être devra, *comme esprit*, être également infini, mais sous un autre rapport, sous celui des facultés intellectuelles ; et alors, ces facultés n'ayant rien de commun avec l'étendue, comment accorder la démonstration avec la définition ? On ne le pourrait pas, en effet, dans l'hypothèse que l'Être universel, ou Dieu, serait infini sous le rapport des facultés de l'esprit ; mais on le peut très-facilement, dira-t-on peut-être, en n'admettant que des esprits finis, particuliers, et point d'esprit universel, ou propre au tout. D'ailleurs (on le dit en termes exprès) la nature a ses limites aussi bien que l'esprit, puisqu'en effet l'Esprit et la Nature ne sont également que des formes déterminées de l'Être universel, qui *seul* est infini, sans l'être cependant sous tous les rapports. J'abandonne ceci aux méditations de ceux qui le comprendront mieux que moi.

Ce que nous avons dit sur l'infini peut exactement s'appliquer à la perfection de l'Être. Et d'abord, pour rentrer dans la démonstration, il est évident que la conception du parfait est impliquée dans celle de l'imparfait, tout aussi bien que les conceptions de l'absolu, du nécessaire, de l'infini, sont impliquées dans celles du relatif, du contingent, du fini. D'où il résulterait qu'en affirmant l'imparfait on affirme le parfait, et que par conséquent, Dieu serait parfait, comme il est infini, absolu, nécessaire. Si cette conséquence est juste, la démonstration est fausse. Sans paraître s'embarrasser de cette difficulté, l'auteur abandonnant sa méthode, pour n'interroger que la logique ordinaire et l'expérience, dont il ne prend pas ici le contre-pied, ne voit de perfection nulle part, pas même en Dieu, ou dans l'Être universel.

22. Il nie donc que Dieu puisse être parfait : en voici la principale, si ce n'est l'unique raison.

« Cet être souverainement parfait, simple idéal pour nous, réalité pour les théologiens,...... est nécessairement immuable dans sa perfection ; changement et perfection sont des termes qui s'excluent : tous les théologiens s'accordent à le reconnaître. Mais alors comment concevoir l'existence, la vie, la réalité d'un Être immuable?..... Que son existence, sa réalité, sa vie, son activité ne se produisent, ne se trahissent par aucun changement, aucun développement; que tout cela reste sans rapport, sinon avec l'espace du moins avec le temps, voilà ce que le génie des plus grands docteurs n'a jamais pu faire comprendre. » (540.)

C'est là, certes, une question des plus épineuses, et j'ose à peine y toucher, dans la crainte de ne pouvoir m'en tirer qu'avec des égratignures. Je conçois fort bien ici le sentiment de M. Vacherot, et je ne tenterai point de l'en faire changer : je n'essayerai pas surtout d'expliquer ce que les plus grands docteurs n'ont jamais pu faire comprendre. Je me borne à soumettre au lecteur quelques réflexions générales sans importance, et que je ne donne que pour ce qu'elles valent.

Il serait difficile de juger du Dieu des théologiens par celui des métaphysiciens, et, réciproquement, de celui-ci par le premier. La métaphysique et la théologie peuvent également avoir raison, chacune à son point de vue, et avoir tort au point de vue de son antagoniste.

Nous ignorons en quoi consisterait une perfection absolue, et nul ne saurait s'en former une idée précise. Nous n'employons jamais ce mot que dans un sens relatif, lorsque nous y attachons quelque idée, et nous ne pouvons pas le prendre autrement. Pour la conception, en effet, de même qu'il n'existe que des indéfinis et point d'infinis, positifs, de même il n'existe que des perfections relatives et point de perfection absolue, ou proprement dite. Mais comme nos idées, ou nos conceptions, surtout en raison des bornes de notre intelligence, n'imposent aucune nécessité aux choses, on peut très-bien admettre, en thèse générale, indépendamment de toute considération particulière, favorable ou contraire au fait, qu'il existe un être réel soit sans limites dans l'espace, soit infini sous un autre rapport, je veux dire infiniment, ou absolument parfait.

Il est à remarquer que nous appliquons ce mot perfection à des choses très-diverses, et qu'il y a pour nous des perfections physiques comme des perfections morales ou intellectuelles. Toutes ces perfections relatives se rattacheraient-elles donc à un même type, dont elles ne seraient, l'une sous un rapport, une autre sous un autre, que d'imparfaites imitations? Cela n'est guère admissible, et ne serait pas facile à comprendre, car comment se faire une idée d'un pareil type?

Quoi qu'il en soit, la théologie, en affirmant que Dieu est souverainement parfait et qu'il est immuable, se le représente comme un Esprit pur, une Intelligence suprême séparée du monde. C'est donc, quel qu'il soit en effet, en tant qu'intelligent que nous avons à le considérer, et à voir s'il est vrai que sa perfection soit impossible par la raison qu'en donne M. Vacherot.

L'intelligence divine, je veux dire celle du Dieu de la théologie, suppose nécessairement deux choses, une volonté accompagnée de conscience, et des facultés intellectuelles de l'ordre le plus élevé, comme, par exemple, une mémoire et une prévision telles qu'il peut, dans chacun des instants de la durée, voir comme présent tout le passé et tout l'avenir, ainsi qu'un jugement infaillible, qui lui fait connaître tous les rapports que les choses ont entre elles, et lui permet de les saisir tous simultanément, ou d'un seul coup d'œil, à l'aide des deux premières facultés. Or ces facultés, comme toutes celles que l'on attribue à Dieu, sont nécessairement inaltérables, il serait par trop absurde de supposer le contraire. Certes, si ces facultés intellectuelles, ou plus généralement, si les attributs de Dieu pouvaient changer, Dieu ne serait plus aussi parfait que possible, non par cela même que ces facultés changeraient, mais parce qu'un pareil changement dénoterait en elles un défaut, ou supposerait qu'elles sont susceptibles de plus et de moins; qu'elles ont par conséquent quelque chose de relatif, ce qui serait évidemment en contradiction avec le fait ou l'idée d'une perfection absolue. En tout cas, si, de manière ou d'autre, Dieu pouvait changer, et par suite n'être pas absolument parfait, ce ne serait pas l'expérience du moins qui pourrait en fournir la preuve, comme dans l'hypothèse que Dieu ne serait autre que l'univers.

Les choses du monde subissent, en effet, des changements continuels, qui peuvent avoir leur cause les uns dans les autres. Mais, en supposant même que chacun de ces changements ait directement sa cause en Dieu, on n'en pourra pas conclure que Dieu change ni dans ses attributs, ni même dans ses actes, bien qu'ils diffèrent les uns des autres et qu'ils ne soient que successifs; car ils peuvent dépendre eux-mêmes d'une cause commune, à savoir, de sa volonté. Ce sera donc alors, dira-t-on peut-être, sa volonté elle-même qui change? Nullement. Dieu a pu vouloir une fois pour toutes et de toute éternité, ou vouloir toujours et non successivement ces mêmes actes, ou, pour parler dans toute hypothèse, les causes quelles qu'elles soient de tous les changements successifs que subissent les êtres ou qui s'accomplissent dans le monde. C'est par là surtout qu'il est immuable.

On peut admettre sans invraisemblance et concevoir sans peine que Dieu, par l'intermédiaire des causes secondes, produit lui-même beaucoup de choses, comme, par exemple, l'organisation des espèces vivantes, et que toutes les autres choses, produites sans son intervention, ne sont que des conséquences plus ou moins éloignées des premières. Dès lors, il est clair qu'en produisant celles-ci, il a dû prévoir celles-là, et par suite vouloir les unes aussi bien que les autres.

Cela n'a rien de contraire à l'expérience. Si d'ailleurs la volonté divine ne se révèle à nous par aucun moyen, il ne faut pas s'en étonner. Nous voyons dans le monde beaucoup d'effets, et l'existence des effets atteste celle des causes; mais les causes elles-mêmes et en elles-mêmes échappent entièrement à nos sens, sinon tout à fait à notre conception, et nous n'apercevons pas plus les causes secondes que la cause première; nous ne pouvons voir que les agents, ou les substances qui agissent, encore faut-il pour cela qu'ils soient matériels. Mais n'y a-t-il dans le monde ou hors du monde que des agents, des êtres matériels? Dieu, quel qu'il soit, ne peut-il agir, exister même, qu'à la condition de se mouvoir, de changer, n'importe en quoi ou comment, et par suite de renoncer, si je puis m'exprimer ainsi, à la prétention d'être parfait? Ces questions ne sont peut-être pas résolues par les remarques de M. Vacherot.

En tout cas, l'essence universelle des métaphysiciens, principe et cause, directe ou indirecte, de tout ce qui existe et arrive dans le monde suivant eux; cette essence, dis-je, qu'ils distinguent, comme agent, de l'univers lui-même ou de sa *substance* (qui est matérielle), paraît jouer le même rôle que l'essence divine ou le Dieu des théologiens. Or ces deux essences, ces deux causes, ces deux agents, si l'on veut, sont tout autant ou ne sont pas plus l'un que l'autre, *révélés, trahis par les mouvements, les changements, les développements que subissent les êtres*. Ils ne diffèrent donc que par leur nature. L'un est une cause finale, c'est-à-dire une cause intelligente qui agit avec *intention* pour une *fin* quelconque, tandis que l'autre, bien qu'on lui accorde le même pouvoir, n'agit qu'en aveugle, sans intention, sans but et sans vouloir ce qu'il produit, sans savoir ce qu'il fait. Où donc est la preuve, si la proposition écrite en lettres italiques est vraie, que ce dernier agent est seul réel, et que le premier n'est qu'imaginaire ou chimérique?

Ajoutons quelques détails sur les choses du monde considérées en tant qu'elles changent, et sur leurs perfections relatives.

Gardons-nous d'abord de confondre le mouvement avec le changement. Tout mouvement est bien, suivant les idées communes ou les préjugés vulgaires, un changement [1], et lui-même peut changer (de direction ou de vitesse) comme il peut demeurer constant [2]; mais tout changement n'est pas un mouvement. Celui-ci n'est tout au plus qu'un changement de lieu ou de situation [3], qui n'affecte point le mobile dans sa constitution ou sa manière d'être.

Le mouvement n'est contraire ni à la perfection ni à l'immutabilité, que d'ailleurs il ne faut pas non plus confondre avec l'immobilité. Je tâcherai de me faire mieux comprendre par une comparaison ou un exemple.

Quand nous voyons une montre dont les mouvements sont si bien réglés qu'elle indique toujours précisément et très-exactement l'heure, nous disons qu'elle est parfaite (en son genre). Or, si, par impossible, elle marchait constamment, éternellement ainsi, sans avoir même jamais besoin d'être remontée, on pourrait dire à juste

---

[1] Il n'y a de changement ici que dans le passage du repos au mouvement, du mouvement au repos, ou d'un mouvement à un autre : le mouvement lui-même n'en est pas un; ce n'est qu'une simple manière d'être.

[2] Dans ce cas, rien ne change, quoi qu'on en puisse penser.

[3] Ce changement n'est-il pas plutôt lui même un effet du mouvement?

titre qu'elle est immuable, quoique toujours en mouvement; mais, pour rentrer dans la réalité ou le vrai, si la montre vient à se déranger, si elle éprouve quelque altération dans sa marche, quelque changement dans son ensemble, nous aurons à l'instant même le sentiment qu'elle n'est pas immuable, et que sa perfection, sans être moins réelle, n'était que temporaire; que cette perfection consistait dans la régularité, la précision de ses mouvements divers, et que, si elle n'est pas immuable en effet, ce n'est point parce qu'elle était en mouvement, comme elle l'est encore, mais parce que ses mouvements peuvent eux-mêmes varier ou changer.

On voit maintenant dans quel sens il faut prendre le mot changement quand on dit ou que l'on pense, avec raison du reste, que ce qui *change* n'est pas *immuable;* et lorsqu'on ajoute que *changement* et *perfection* sont des termes qui s'excluent, ce qui n'est pas tout à fait aussi évident, du moins quand ces termes sont appliqués à la nature, à la matière; car il y a dans le monde physique deux sortes de changements, les uns qui détruisent, les autres qui édifient; et il se pourrait que sa perfection, s'il en a une à proprement parler, consistât précisément dans des changements qui amèneraient ses développements successifs. Ce qui paraît certain, ou tout au moins assez probable, c'est que, si le monde demeurait éternellement dans le même état, sous la loi de l'immutabilité, comme la montre que nous avons feinte, il serait moins parfait, dans son genre, qu'il ne l'est ou ne le serait sous la loi du progrès et des changements qu'il implique. Il me semble aussi que ces changements, ces développements progressifs, si on les rapportait à Dieu comme à leur cause, loin de porter atteinte à sa perfection, la constateraient plutôt, et que cette cause en tout cas se révélerait ainsi dans ces mêmes changements, sans pour cela changer elle-même.

Gardons-nous bien encore de confondre le mouvement avec l'activité. Celle-ci, en passant de la puissance à l'acte (elle n'est en effet que l'action en puissance), peut produire le mouvement, mais elle ne le constitue pas. Quand la terre serait dans un repos absolu, irrévocablement fixée en un point, elle n'en ferait pas moins, tout en restant immobile, mouvoir les corps qui sont dans son voisinage, en vertu de son activité, laquelle consiste dans une force attractive (toujours en action).

L'esprit, de son côté, sans se mouvoir lui-même, car il n'a rien de commun ni avec le mouvement ni avec le repos, peut également, en vertu de son activité, qui ne consiste pas dans une force d'attraction, mouvoir le corps de différentes manières. Ainsi son activité, quelle qu'en soit la nature, se trahit bien, en effet, par des mouvements, mais par des mouvements dans la matière, non par des mouvements qui lui seraient propres. Les mouvements, les changements, les développements que subissent les êtres ne portent donc, je le répète, aucune atteinte à la perfection relative ou absolue de la cause. Il ne faut pas croire d'ailleurs que pour chaque changement la cause ou plutôt l'agent, l'être qui le produit par son action, éprouve un changement analogue, et change ainsi lui-même dans son être, c'est-à-dire dans les propriétés ou facultés qui le constituent. Si, en un sens, cela peut être vrai jusqu'à certain point dans l'homme, en aucune manière cela ne saurait être vrai en Dieu.

Quoi qu'il en soit, une cause, si l'on prend ce terme à la rigueur, ne ressemble jamais à l'effet, au changement qu'elle produit. Toute cause, extérieure du moins, est l'action d'une substance sur une autre, et tout effet est une modification de cette dernière, c'est-à-dire de la substance qui subit l'action de la première. Comment donc pourrait-il y avoir un rapport de similitude entre la cause et l'effet, entre l'action d'une substance et la modification d'une autre substance ? Comment aussi serait-il possible, ainsi qu'on l'a dit trop souvent, que l'effet fût contenu dans la cause (la modification dans l'action)? Ce sont là des absurdités palpables.

Au reste, nous ignorons de quelle manière les substances agissent les unes sur les autres; nous ne saurions dire positivement ce que c'est qu'une action, une cause efficiente ou productrice ; nous ne l'apercevons pas en elle-même, nous ne voyons que l'effet produit. Mais si nous n'apercevons pas la cause, ou l'action, nous pouvons apercevoir ou connaître l'agent, la substance qui agit; nous connaissons les corps par les sens extérieurs, l'esprit par la conscience, ou le sens intime. Nous savons, de plus, par la conscience et l'observation, que celui-ci peut produire beaucoup de choses volontairement pour une *fin* que lui-même se propose. Nous pouvons à ce titre l'appeler cause *finale*.

Quant à l'intelligence divine, cette cause finale par excellence; on ne peut toutefois en juger qu'indirectement sur des faits particuliers, incontestables d'ailleurs, et par analogie avec l'esprit humain. C'est ainsi qu'en voyant certaines combinaisons, certains résultats qui ont un but évident, une fin prochaine ou éloignée, et qui dénotent clairement une intention, on conçoit l'existence, la réalité, l'activité, la puissance, la perfection d'une Intelligence ou d'un Être suprême.

Il est vrai qu'on ne pourrait pas immédiatement en inférer que sa puissance et sa perfection sont infinies. Mais cette question n'était pas celle dont nous avions à nous occuper : nous ne pouvions pas avoir l'intention ou la prétention de prouver l'affirmative; il s'agissait uniquement de faire voir qu'on n'a pas non plus démontré la négative, qu'on n'a pas prouvé, comme on croit l'avoir fait, que le Dieu souverainement parfait des théologiens n'est qu'une fiction, et que l'existence réelle d'un pareil Dieu serait impossible. Si nous demandions encore pourquoi, on nous répondrait : c'est parce que sa perfection exigerait qu'il fût immuable et qu'il ne l'est point. Et pourquoi ne l'est-il point? Parce que l'univers change; ainsi comme changement et perfection sont des termes qui s'excluent, il s'ensuit que Dieu n'est point parfait, puisqu'il n'est pas immuable, et qu'il ne l'est pas, puisque l'univers change. Ce syllogisme supposerait donc, car il ne serait valable qu'à ce prix, que pour chacun des changements qui s'opèrent dans le monde, Dieu, pur esprit, subirait lui-même un changement analogue ou correspondant. Eh bien, s'il était vrai que Dieu, considéré comme un Être distinct et hors du monde, dût subir de pareils changements, n'en serait-il pas ainsi, à plus forte raison, de l'essence même de l'univers? Or cette essence, dit-on, est absolument une, absolument indivisible, absolument simple, irréductible, et par suite, sans doute, absolument invariable ou réellement immuable. Donc, dirons-nous, en retournant la question, si l'univers, qui change continuellement, n'en est pas moins immuable dans son essence, à plus forte raison un Dieu tout parfait et intelligent pourrait-il l'être dans la sienne. Tout comme l'essence universelle de la métaphysique, le Dieu de la théologie, qui ne fait qu'un avec son essence, est la cause première, le principe, l'origine, la raison de tout ce qui existe. Les caractères d'unité, de simplicité et autres que l'on accorde à l'essence de l'univers ou plutôt dont elle se compose, le Dieu de la théologie les possède également, avec cette différence qu'en lui ces caractères se rattachent à des attributs réels, et avant tout à l'attribut essentiel qui le distingue, comme substance, des êtres matériels, à la spiritualité. De plus, il est souverainement parfait, tandis que cette perfection, qu'à vrai dire nous ne pouvons nous représenter, mais dont tout au moins on ne saurait pas plus démontrer l'impossibilité que la réalité, n'a pas été jugée plus nécessaire que l'intelligence elle-même au Dieu de la raison. C'est, du reste, ce que l'on conçoit fort bien si ce Dieu n'est autre que le Monde; si tout ce qu'il fait en vertu de son activité, qui n'a rien de commun avec celle de l'esprit, il le fait machinalement, sans intention, sans dessein, sans but; en un mot, s'il n'est pas cause finale. Seulement, il est assez surprenant qu'après avoir fait du Monde ou de l'Univers un être réel parfaitement organisé, même un Dieu vivant, on ne lui ait pas attribué un esprit, une intelligence propre à l'instar de celle de l'homme. On comprend, en effet, par là, comment, sous ce rapport, Dieu, bien loin d'être absolument parfait, le serait beaucoup moins même que l'homme le plus inepte.

Quant à la perfection relative, dont l'idée, quelle qu'elle soit, nous est familière, et qui peut appartenir à des choses de nature toute différente, elle n'a point de rapport avec l'immutabilité : aucune de ces qualités n'implique l'autre; elles peuvent exister ensemble, mais aussi séparément. La perfection exclut bien le changement pris dans un certain sens, comme je l'ai expliqué plus haut, mais non toute espèce de changement; loin de là, il est beaucoup de choses qui sans aucun changement ne sauraient être parfaites en leur genre.

D'un côté, nous avons supposé une montre actuellement parfaite, en ce qu'elle remplit exactement la destination qu'on lui a donnée. Admettons qu'elle n'est pas immuable (ce qu'en effet l'expérience viendra confirmer tôt ou tard), il s'ensuivra, et il nous sera facile de prévoir, qu'au premier changement, je veux dire au premier dérangement qu'elle éprouvera, elle cessera d'être parfaite; mais tout ce que nous en pourrons conclure, c'est que sa perfection actuelle, sans être moins réelle pour cela, n'est que temporaire. D'un autre côté, et ceci n'est plus une supposition, c'est un fait, la matière, quoique toujours en mouvement, en elle-même est immuable, puisqu'elle ne peut subir aucune altération, aucun changement, et néanmoins on ne peut pas dire qu'elle soit, à proprement parler, parfaite ou imparfaite; ou si, par telle ou telle raison, on veut qu'elle soit l'un ou l'autre, si, par exemple, on la conçoit comme parfaite, elle ne le sera pas davantage pour être immuable; il en résultera seulement que ce qu'elle était à un instant donné, elle le sera toujours.

En ce qui concerne l'esprit, et c'est ici surtout que la perfection est purement relative, puisqu'il varie beaucoup, non-seulement d'un individu à l'autre, mais encore chez le même individu, il est très-facile de comprendre, cependant, si on le considère en lui-même, c'est-à-dire dans les facultés qui le constituent, qu'il pourrait ne pas changer, et ce serait peut-être alors tant mieux ou tant pis : tant mieux pour un esprit supérieur, tant pis pour un idiot. Ce que l'on ne comprendrait pas aussi bien, c'est que dans l'exercice de ses facultés, dans ses actes, il pourrait encore n'éprouver aucun changement. Le contraire est plus probable; mais s'il change, en effet, d'une manière ou d'une autre, nous ne saurions dire de quelle façon ou en quoi consiste un pareil changement. Pour concevoir, tant bien que mal, comment une intelligence serait immuable et parfaite (autant que possible), il faut l'envisager sous deux points de vue, c'est à savoir, comme entendement et comme volonté, en admettant que l'entendement pourrait être parfait sans être immuable à la rigueur ou à proprement parler, et que la volonté pourrait seule être véritablement immuable sans être ni imparfaite ni parfaite; en sorte que cette intelligence serait parfaite comme entendement, immuable comme volonté.

Ces considérations, jointes aux distinctions que j'ai faites précédemment, pourront, jusqu'à un certain point, aplanir les difficultés que soulève la définition de Dieu donnée par les théologiens, d'une part, et par les métaphysiciens de l'autre, difficultés que je n'entreprendrai pas de résoudre.

Encore un mot, cependant, sur la perfection absolue. J'ai déjà fait observer que nous n'avons aucune idée d'une telle perfection, de même que nous n'en avons aucune d'un infini positif, quel qu'il puisse être, bien que celui-ci soit plus facile à définir (comme il n'est aussi que trop facile de se faire illusion, en prenant une définition pour une idée). Nous ne pouvons avoir d'idées claires, d'une part, que de l'infini négatif et de l'indéfini positif, et de l'autre part, que d'une perfection relative qui, quelque grande qu'elle soit, n'est pas la perfection proprement dite. En ce sens, tous les êtres sont imparfaits, comme ils sont finis. Mais, si l'on croit pouvoir conclure, de ce qu'ils sont finis, que Dieu est infini, ne s'ensuivra-t-il point aussi, de ce qu'ils sont imparfaits, que Dieu est parfait? Car il ne s'agit pas ici de simples conjectures plus ou moins hasardées, comme celles que j'ai pu faire sans y attacher d'importance, mais d'un raisonnement que l'on donne pour rigoureux : or ce raisonnement est applicable à l'un des deux cas tout aussi bien qu'à l'autre. J'ai fait voir en outre que, s'il résulte de la démonstration que Dieu est infini en ce sens qu'il est sans bornes dans l'espace, il n'y a aucune raison pour ne pas en inférer également qu'il est infini sous tout autre rapport, par exemple sous celui des facultés intellectuelles; car, si l'infini dans le premier sens se déduit de ce que nous voyons des corps finis en étendue, l'infini dans le dernier sens, ou sous l'autre rapport, devrait se déduire de ce que nous voyons des êtres dont les facultés ont des limites?

Or, si Dieu est infini à tous égards, de cela même ne s'ensuit-il point qu'il est parfait? D'ailleurs, il est absolu, il est indépendant, il est nécessaire : ne sont-ce pas là des perfections dans un être réel et vivant; et celui qui, avec l'organisation et la vie, a de telles perfections, ne les possède-t-il pas toutes?

Un Être souverainement parfait ou, ce qui est la même chose, une perfection absolue n'est, dit-on, p. 540, qu'un simple *idéal*. Mais l'absolu lui-même, présenté comme quelque chose en soi, est moins encore qu'un idéal, ce n'est rien. Nous pouvons bien, par une abstraction de l'esprit, considérer telle ou telle propriété réelle séparée de son sujet; mais cela n'est pas possible à l'égard des caractères d'absolu, d'inconditionnel, d'infini, de nécessaire, d'universel : ces caractères séparés de tout attribut et, par suite, de tout être réel ne sont rien que des mots en l'air, ou, pour mieux dire, des sons qui, même réunis, n'expriment aucune idée positive. Un Dieu qui n'aurait pas d'autres attributs que ceux-là, ne serait rien de plus qu'un ensemble d'abstractions, moins que cela, qu'une collection de mots dénués de sens, qu'une chimère. Un Dieu *réel* qui ne pourrait avoir aucun des attributs de la *réalité,* pas même une propriété essentielle, soit la matérialité, soit la spiritualité, si cette dernière pouvait exister dans un pareil système, serait évidemment un être contradictoire, impossible ; ce serait un pur néant, comme d'ailleurs on pourrait autrement le prouver, en suivant le raisonnement par lequel on a *démontré* que Dieu est l'infini, l'absolu et le reste. En effet, de même que la conception de l'infini est impliquée dans celle du fini, la conception du néant est impliquée dans celle de l'existence (qui n'appartient qu'aux êtres réels) ; donc en affirmant le dernier terme, on affirme le premier : or toute affirmation est une affirmation de Dieu. Par conséquent Dieu est identique avec le néant, comme il l'est avec l'infini, avec l'absolu. Il est vrai que les prémisses sont réciproques et que nous aurions pu en tirer une conclusion toute contraire. Mais il en est de même des conceptions du fini et de l'infini, du relatif et de l'absolu ; ainsi du reste : d'où nous pourrions conclure alors que Dieu existe et n'existe pas, qu'il est infini et fini, absolu et relatif, universel et particulier. Voilà où nous mène la démonstration dont il s'agit et sur laquelle tout repose. Il faut convenir que c'est un fondement peu solide.

23. Mais le point le plus obscur, le plus embrouillé de la doctrine de l'auteur, c'est celui qui concerne l'Esprit. Malgré tout ce qu'on en a dit, ou peut-être même à cause de tout cela, je suis encore à me demander si nous ne devons admettre que des esprits particuliers, ou s'il existe indépendamment de ces esprits finis un Esprit universel, comme il existe par hypothèse un organisme universel, indépendamment des organismes individuels, ou bien enfin, s'il n'y a dans le monde qu'un seul Esprit, universel en ce sens qu'il se trouverait, pour ainsi dire, répandu, disséminé partout, n'affectant que les corps qui seraient aptes à le recevoir, et dans lesquels seuls, à l'exclusion même de l'Être universel, il se manifesterait sous la forme qui lui est propre.

Je n'ai pas oublié pourtant, et je n'en suis guère plus avancé : 1° que l'Esprit et la Nature, tout aussi bien que les corps et les esprits finis, ne sont que des déterminations ou formes déterminées de l'Être universel ; 2° que l'âme et le corps ne sont pas des principes distincts, mais de simples modes d'existence d'un même être, à savoir de l'homme; lequel est un, bien que complexe dans son unité (ce qui n'est pas facile à comprendre ni à concilier avec l'idée qu'il serait lui-même une détermination de l'Être universel, comme le sont aussi l'âme et le corps, ou plus généralement tous les corps et tous les esprits); et qu'il en est de même de l'Esprit et de la Nature par rapport à l'Être universel ; 3° qu'ainsi le petit problème psychologique des rapports de l'âme et du corps reçoit la même solution que le grand problème cosmologique des rapports de la Nature et de l'Esprit (ce qui supposerait que l'Esprit est à la Nature ce que l'âme est au corps, mais ce qui n'est énoncé nulle part et ne pouvait pas l'être, car cela ne s'accorderait pas avec d'autres assertions, ni avec ce qui suit); 4° que l'Esprit, en tant que distinct de l'âme ou des esprits particuliers, n'est que l'esprit *en général* (et dès lors, n'étant qu'une pure abstraction, il ne pourrait plus être soit un mode d'existence, soit une forme déterminée de l'Être universel, comme le sont les esprits finis).

Je ne puis donc me former une idée précise de ce qu'on appelle l'Esprit. D'après tout ce qui précède, cet Esprit n'est certainement ni l'âme du monde ni l'intelligence divine. Quel que soit, au surplus, le sens qu'on attache à ce mot, sans m'en embarrasser davantage, je ne m'occuperai plus, pour terminer, que de la question de savoir si l'Esprit et la Nature, qu'on met en regard, sont infinis ou finis.

Nous concevons parfaitement, et nous savons par expérience, que les êtres particuliers, esprits et corps, que nous pouvons observer, sont tous également finis, et qu'ils le sont à tous égards. On a cru pouvoir en conclure que l'Être universel est infini, mais seulement en ce sens qu'il est sans bornes dans l'espace et dans le temps. Il s'agirait maintenant de savoir si la Nature, dont nous ne pouvons saisir l'ensemble, et l'Esprit universel qui échappe entièrement à l'observation, sont infinis, tout comme et de la même manière que l'Être universel, ou s'ils sont finis non-seulement quant à leurs dimensions (l'esprit n'en peut avoir), mais sous tous les rapports. Ni l'expérience directe ni l'expérience comparée ne sauraient nous l'apprendre : on peut bien mettre en parallèle les corps et les esprits finis d'une part, la Nature et l'Esprit universel de l'autre (supposé que ce dernier soit quelque chose de réel); mais on ne peut pas mettre en parallèle la Nature, par exemple, la nature entière, avec tel ou tel corps particulier ou, bien moins encore, avec tel ou tel esprit fini, pour juger de la première par l'un de ces derniers. Voyons donc si, au défaut de l'expérience, on pourra démontrer par la métaphysique que la Nature et l'Esprit sont, comme on le prétend, renfermés dans certaines limites.

Ailleurs nous avons vu que l'Esprit et la Nature sont les deux faces de l'univers. Il s'ensuit que ces deux faces, puisqu'elles sont limitées, ne s'étendent pas aussi loin que l'être auquel elles appartiennent. Peut-être cela semblera-t-il un peu singulier; mais il ne faudrait pas s'arrêter à cette espèce d'objection, car elle ne porterait, en effet, que sur des mots dont le sens, s'ils en ont un, n'est pas suffisamment déterminé.

Que sont donc au fond ces deux faces de l'univers? Sont-ce des attributs ou des êtres ou quelque autre chose? Elles ne sauraient être des attributs; car un attribut, quel qu'il soit, affectant son sujet tout entier, n'est ni plus ni moins étendu que lui; par conséquent, l'Esprit et la Nature devraient être infinis comme l'univers leur sujet commun, et cela serait contraire à l'hypothèse. Ces deux faces de l'Être universel sont-elles elles-mêmes des êtres soit séparés, soit unis par une espèce de compénétration? Il s'ensuivra ou que deux êtres finis pourront former un être infini, ce qui est absurde, ou que la substance universelle, sinon l'univers lui-même, dépassera infiniment les limites de la Nature et de l'Esprit, ce qui n'est guère admissible.

Reste une troisième manière de concevoir ces deux faces, mais qui ne s'accorde pas non plus avec l'hypothèse; c'est de supposer qu'elles ne sont que les deux points de vue sous lesquels on peut envisager l'univers, à savoir, sous le point de vue ou le rapport de l'esprit, et sous celui de la matière, laquelle est sans aucun doute le fond de la nature.

Ainsi donc l'Esprit, pour en finir d'abord avec celui-ci, serait l'Être universel considéré, non comme spirituel, puisque nous avons vu qu'il ne l'est point, mais en tant qu'il *contient*, n'importe en quel sens ou de quelle manière, tous les esprits particuliers ou finis. Il semblerait, par conséquent, que l'Esprit en tant qu'universel, et quel qu'il soit d'ailleurs, ne serait pas moins étendu que l'univers. Mais alors comment concevoir qu'il a des limites dans l'espace, qu'il n'est, comme la Nature, qu'une forme déterminée de l'Être universel ou de son essence?

Si l'on me faisait observer qu'en parlant de l'esprit, il faut prendre dans un sens figuré ce mot limites, je répondrais : oui, s'il s'agissait ou des esprits particuliers, ou d'un Esprit *universel*, s'il y en avait un et qu'il fût véritablement *un*. Mais c'est ce que l'on n'admet pas : ce qu'on appelle l'Esprit n'est en définitive que collection ou abstraction. On ne devait donc pas non plus le mettre en balance avec un être réel tel que la Nature.

D'après la supposition que nous avons faite plus haut, la Nature ne serait à son tour, et selon moi elle n'est en réalité, que l'univers lui-même considéré seulement ou plus particulièrement comme matériel.

Avant d'aller plus loin, je ferai remarquer que l'univers prend encore un autre nom, celui de monde physique, en tant qu'il présente surtout un système astral ou de corps célestes, dont tous les corps sans exception font partie, en ce sens qu'ils y contribuent tous, directement ou indirectement, par une même propriété, la force d'attraction; en sorte que, si l'univers est infini, il faut bien que le monde physique le soit aussi.

Comment donc à plus forte raison la nature ne le serait-elle pas; comment pourrait-elle avoir moins d'étendue que l'univers? La nature, c'est la matière, non une portion finie, mais la totalité de la matière avec sa propriété essentielle, universelle, absolue, et toutes les autres propriétés générales et particulières qui distinguent les individus entre eux, les espèces entre elles; en un mot, c'est la matière sous toutes ses formes. Et parmi ces mêmes formes, il faudra comprendre l'esprit (individuel) lui-même, s'il est vrai qu'il ne soit qu'un *mode d'existence*, ou si la spiritualité n'est qu'une *propriété* accidentelle ; car tout mode d'existence ou manière d'exister, comme toute propriété accidentelle, si l'une diffère de l'autre, impliquent une substance, et il n'y en a pas d'autre que la matière. Or il ne serait pas moins absurde que contradictoire de supposer que le monde est plus étendu que la matière dont il est formé.

Ainsi la nature, qui embrasserait tout, ne différerait en rien de l'univers, si ce n'était qu'on prête à celui-ci je ne sais quelle essence dont la Nature serait une forme et une manifestation. Mais comme il n'est pas possible qu'il y ait là deux êtres distincts, l'Univers et la Nature (ou le monde physique, ou le monde organique, ou le monde des esprits, car c'est toujours le même monde, le même univers envisagé sous différents aspects), il s'ensuit qu'en dernière analyse, c'est l'univers lui-même, en tant qu'il est perceptible à nos sens ou accessible à notre entendement, qui est la forme sensible ou concrète de sa propre essence. Si donc l'univers ou l'Être universel est sans bornes dans l'espace, comment pourrait-il avoir, sous le nom de nature ou de monde physique, une forme déterminée, circonscrite dans l'espace?

On peut donc admettre, sans avoir recours à une nature différente de l'univers, que celui-ci, comme matériel ou sensible, est en quelque sorte une réalisation ou, si l'on veut absolument, une manifestation de son essence. C'est du reste ce que l'on conçoit assez bien, du moins par comparaison; car on peut en dire autant du premier être venu, à cela près seulement que l'essence propre de cet être, quel qu'il soit, esprit ou corps, sera quelque attribut réel, et que cette essence se manifestera, non par l'être qu'elle constitue, mais par tels ou tels phénomènes qui la mettront en évidence, qui nous révéleront tout à la fois l'être et son essence.

Il en serait de même à cet égard de l'univers en son entier, si l'on substituait à ses attributs métaphysiques ou qu'on leur donnât pour base une propriété essentielle, telle que la matérialité, qui possède elle-même tous ces attributs ou caractères. Certes, je suis loin de nier l'existence de ces derniers; mais je prétends qu'ils ne peuvent pas subsister par eux-mêmes, et que leur refuser l'appui d'une propriété essentielle, ou tout au moins d'un attribut réel quelconque, ce n'est pas seulement leur ôter toute leur valeur, c'est les anéantir, c'est leur donner pour sujet, pour soutien, le néant lui-même, je veux dire le vide.

Il est assez évident que le vide ne peut avoir aucun attribut réel ; mais quant aux attributs métaphysiques, qui du reste, séparés de tout attribut réel, ne sont rien de plus que le vide lui-même, il les possède tous. Si, par exemple, quelque chose est infini, c'est à coup sûr le vide ; si quelque chose est absolu, inconditionnel, indépendant de tout fait antérieur, de tout principe, de toute cause, c'est le vide ; si quelque chose est en soi et par soi, c'est-à-dire par sa propre nature, c'est le vide ; si quelque chose est *absolument* un (et non simplement comme système), absolument indivisible (en réalité), absolument simple, c'est le vide.

Rappelons-nous maintenant que l'être, quel qu'il fût, que l'inconnu (x) qu'il s'agissait de caractériser ne devait être appelé Dieu ou Être universel qu'à ces deux conditions : 1° qu'il posséderait tous les caractères, tous les attributs métaphysiques dont il s'agit ; et 2° qu'il n'aurait aucun attribut réel. Or le vide, le vide *seul* réunit ou présente à la fois ces deux conditions. Tel serait donc le Dieu des métaphysiciens ou l'Être universel, son essence au moins.

Cette conséquence si on l'avait formellement exprimée, de même que l'on n'a pas craint d'en affirmer les prémisses, figurerait assez singulièrement dans une théorie qui s'appuie en principe sur cet axiome qu'il y a de l'être partout et toujours, autrement dit que tout est plein, *sans le moindre intervalle vide*. Il semblera peut-être surprenant qu'ayant tant de matière sous la main, on n'ait pas pu donner un fondement plus solide à l'Être universel ou à son essence, de laquelle tout dérive, tout procède, esprits et corps, Esprit et Nature.

Qu'y avait-il pourtant de plus facile à comprendre et à constater, savoir, que l'univers, de quelque manière qu'on l'envisage et quel que soit le nom qu'on lui donne, a pour attribut essentiel ou pour essence absolue la matérialité ou l'impénétrabilité avec tous les caractères ou attributs métaphysiques dont il est question et qui s'y rattachent naturellement ? Appuyés sur cette base inébranlable à laquelle ils sont indissolublement unis, ceux-ci reprennent alors toute leur importance et leur valeur.

Ces considérations m'avaient fait penser un moment que la doctrine de M. Vacherot, en ce qui regarde l'Esprit et la Nature, devait être interprétée de la manière suivante : 1° il n'y a de réel dans le monde que les individus, esprits et corps, quels que soient d'ailleurs et leurs rapports mutuels et les diverses manières dont ils peuvent être unis, combinés, disposés dans les systèmes ou les résultats qu'ils présentent; 2° l'Esprit (universel) et la Nature ne sont que des êtres abstraits comme l'est, par exemple, l'humanité relativement aux individus humains; en sorte que, 3° si l'on disait que l'Esprit et la Nature sont des manifestations et des formes de l'Être universel, cela ne devrait s'entendre que des esprits finis et des corps particuliers qui seuls sont évidemment limités, et sous tous les rapports comme dans tous les sens; 4°, de même que le genre est plus abstrait que l'espèce, de même l'Être universel dont l'essence d'ailleurs n'est elle-même qu'un ensemble d'abstractions (d'attributs métaphysiques sans sujet) est un être (on le désigne également par le nom d'Être métaphysique) encore plus abstrait que la Nature et l'Esprit qu'il embrasse; 5° enfin, quand on affirme que cet être (de raison) est parfaitement organisé, il ne faut pas prendre cette expression à la lettre ou dans son sens propre, mais bien dans le sens qu'on lui donne lorsqu'on dit la même chose de telle corporation ou société particulière.

Cependant, les principes mêmes de l'auteur, l'ensemble de sa doctrine, et notamment plusieurs de ses assertions ou de ses remarques, sont peu favorables et ne nous permettent pas de nous arrêter à cette interprétation. Passons donc ou revenons sur nos pas. Au reste, nous n'en avons plus qu'un à faire.

Ce qui est certain, c'est que l'auteur assimile la Nature et l'Esprit aux corps et aux esprits finis, puisqu'il prétend (n'est-ce pas là une pétition de principe?) qu'ils ne sont, comme ceux-ci, que des formes déterminées ou des manifestations de l'Être appelé Dieu. Or, « nulle forme, nulle manifestation de l'Être infini, absolu, universel, ne pouvant être elle-même infinie, absolue, universelle, il s'ensuit que ce grand nom ne convient proprement qu'au seul Être métaphysique révélé par la raison. La grandeur, la fécondité, la puissance de la Nature est finie; la perfection de l'Esprit, si haute et si pure qu'elle soit, a ses limites. Le seul objet de la pensée qui n'en ait pas, c'est l'Être qui fait le fond commun de la Nature, de l'Esprit et de la vie universelle. » (532.)

Certes, nous sommes forcé d'en convenir, jamais ni l'expérience, ni le sens commun, ou la logique vulgaire, n'auraient pu nous conduire aussi loin, et si quelqu'un s'avisait de proposer, comme hypothèse, que la puissance de la nature a des bornes, le sens commun lui répondrait aussitôt : Quel est le raisonnement qui le prouve (sans pétition de principe)? Ces bornes, qui les a vues? où est l'observation qui les donne? L'observation nous apprend bien que la puissance de tout être particulier est fort restreinte et qu'elle peut l'être plus ou moins; mais que peut-on inférer de là relativement à celle de la nature entière? Nous savons aussi que tous les êtres sont plus ou moins étendus sans qu'aucun d'eux soit infini sous ce rapport : on n'en affirme pas moins que l'Être universel est sans bornes dans l'espace. Pourquoi donc, raisonnant par analogie, ne pourrait-on pas en inférer que l'Être universel est tout-puissant comme Nature, ou infini en puissance aussi bien qu'en étendue? Nous savons encore par expérience que chez les êtres particuliers doués de la faculté de penser, la perfection de l'esprit, si haute et si pure qu'elle puisse être, a ses limites : cela empêcherait-il que l'Être universel, tout-puissant comme nature, ne fût tout parfait comme Esprit? Mais ceci semblerait supposer ou que l'Esprit est un *être* ni plus ni moins réel que la Nature (auquel cas il pourrait, en effet, marcher parallèlement avec elle), ou que, si c'est une faculté, l'Être universel la possède, qu'il possède en propre *un* esprit indépendamment *des* esprits finis, tels qu'ils existent individuellement et que nous les concevons dans tous les êtres pensants. Or il paraît évident que l'on n'admet ni l'une ni l'une de ces deux suppositions. De là notre embarras, dont il ne nous a pas été possible de sortir.

En tout cas, si l'Être universel n'est pas absolument parfait comme Esprit, ne peut-il pas être parfait sous d'autres rapports, parfait dans sa manière d'être, quelle qu'elle soit, parfait surtout dans ses actes? Cette dernière question, fort épineuse, n'a point été discutée. Pour ma part, je me borne, en prenant congé du lecteur, à lui soumettre une simple réflexion faite à ce propos dans une autre circonstance, et qui sera la dernière.

24. Il ne faut pas, pour juger de la perfection et de l'imperfection des êtres, s'appuyer sur ce principe évidemment faux, que ce qui semble parfait ou imparfait à notre égard et dans les détails l'est de la même manière, l'est nécessairement en soi et dans l'ensemble.

Loin de là ; ce que, peut-être à tort, du reste, nous croyons être une imperfection dans chacune des parties d'un tout, et plus spécialement dans les individus humains, comme, par exemple, de n'être pas affranchis de telle ou telle loi, physique ou morale, d'être soumis à telle ou telle cause, pourrait fort bien constituer une perfection dans les masses, dans la société, dans l'humanité, dans le tout : et réciproquement, ce qui, selon nos idées, serait parfait en chacun de nous ou dans les individus d'autres espèces, pourrait être très-imparfait dans chaque espèce comme telle, et à plus forte raison dans l'univers entier. Supposons, par exemple, que les hommes soient aussi parfaits que possible et sous tous les rapports, il est évident qu'ils se ressembleront tous; car si l'un avait une qualité que l'autre n'eût pas, celui-ci, contrairement à l'hypothèse, ne serait donc pas aussi parfait que nous le supposons. Or cette ressemblance, cette uniformité (qui, plus généralisée, tendrait à tout anéantir), serait une très-grande imperfection et dans la société humaine (supposé qu'elle ne l'empêchât pas absolument d'exister) et dans la nature surtout, puisqu'elle en ferait disparaître ce que précisément nous y admirons le plus, c'est à savoir, cette prodigieuse variété d'êtres que nous observons sur la terre et d'après laquelle nous pouvons juger de celle que présenterait le monde entier dont la terre n'est qu'une parcelle comme infiniment petite. N'est-ce pas là, pour le remarquer en passant, ce qui nous porte à croire que la fécondité de la nature est inépuisable, que sa puissance est infinie ?

Ce que je viens de dire de la perfection et de l'imperfection pourrait s'appliquer au bien et au mal, c'est-à-dire qu'il se pourrait que ce qui est bien ou mal, par rapport à nous et dans les détails, ne le fût pas de même en soi et dans l'ensemble.

En tout cas, le mal, que l'on regardera sans doute comme la

plus grande des imperfections, existe sur la terre : cela n'est que trop vrai pour chacun de nous individuellement. Mais si on le considère d'une manière très-générale et en dehors de toutes les individualités particulières, on concevra sans peine, en y réfléchissant un peu, que le mal est une condition du bien, ce qui d'ailleurs est réciproque, et que, par suite, le bien et le mal sont ensemble la condition *sine qua non* de l'existence de tous les êtres vivants, sensibles et pensants, en tant que pensants ou tout au moins sensibles : car les êtres non vivants ou seulement insensibles n'en existent pas moins; mais pour eux, il n'y a ni bien ni mal. Ces deux faits, toujours en général, sont donc inséparables, et l'annulation de l'un entraînerait celle de l'autre.

Cela n'est pas moins vrai au moral qu'au physique. Je ne prétends pas soutenir par là que, par exemple, sans l'injustice, la justice elle-même et en elle-même ne pourrait pas exister non plus; elle existerait, au contraire, de toute nécessité; je veux dire seulement que, par rapport à nous ou pour nous, elle n'existerait pas comme justice, puisque, d'une part, nous ne pourrions en avoir aucune idée, et que, d'une autre, elle serait entièrement indépendante de notre volonté; en sorte que tout homme serait juste, mais sans le vouloir, sans le savoir, sans y penser, et par suite de tout cela, sans y avoir le moindre mérite.

Le bien en soi existe aussi peut-être ou pourrait exister sans le mal, mais pas pour nous non plus. Ainsi, malgré le mal qui s'attache inévitablement à l'existence des êtres sensibles et pensants, par la raison même qu'ils sont intelligents et sensibles, nous pourrions concevoir qu'au fond tout est bien dans l'ensemble.

Le bien et le mal physiques, en tant qu'ils nous affectent actuellement, peuvent certainement exister l'un sans l'autre; c'est même presque toujours ainsi qu'ils se présentent : d'ordinaire celui qui souffre ne jouit pas; celui qui jouit ne souffre pas : seulement il arrive parfois que le même individu souffre en même temps sous un rapport et jouit sous un autre, surtout si, aux sensations, se joignent les sentiments moraux; et dans ce cas, il peut y avoir compensation entre le bien et le mal présents. Cependant cela ne pourrait pas seul nous faire prendre aisément notre parti sur l'existence de ce dernier ; mais nous pouvons nous appuyer sur d'autres raisons.

Il est nécessaire d'observer d'abord que, pour sentir comme tels e bien et le mal, il ne suffit pas d'être sensible physiquement ni même aussi moralement, il faut encore être doué de certaines facultés intellectuelles : il faut avoir conscience de ce que l'on ressent ou de la manière dont on est affecté, et on ne l'aura qu'à cette condition que l'on pourra comparer l'état dans lequel on se trouve présentement avec un état antérieur différent, sinon opposé. Un homme d'une complexion débile, qui aurait toujours souffert et toujours de la même manière (ce qui, du reste, n'est guère possible à la rigueur), ne s'en plaindrait pas, ne songerait même pas à s'en plaindre ; car la santé dans sa plénitude serait pour lui ce que les couleurs sont pour les aveugles ; et l'homme bien portant qui l'aurait toujours été n'aurait pas le sentiment de cet état de santé parfaite, et par conséquent n'en jouirait pas, à proprement parler.

Cependant, si l'on tenait compte des biens qui ne sont point appréciés, sentis comme biens ou en tant qu'opposés au mal, mais dont nous ne laissons pas de jouir d'une certaine manière sans y penser, on pourrait dire que la vie tout entière en elle-même est un bien, troublé seulement de loin en loin par le mal, et jamais de façon à faire préférer le néant à l'existence. Toutefois, il paraît y avoir, sous ce rapport, de très-grandes différences entre les individus ; mais, sans doute, elles ne sont pas aussi considérables qu'on le croit généralement. Pour en bien juger, il faudrait pouvoir comparer, mettre en balance, avec les maux de tous les genres et à tous les degrés, non-seulement les jouissances proprement dites, tant morales que physiques, mais encore ces biens de tous les instants, ou plutôt ce bien continu dont nous n'avons pas une conscience claire ou parfaite. Il faudrait de plus, pour que cette supputation fût exacte (si elle était possible), avoir égard aux diverses manières de sentir, de voir ou d'apprécier les mêmes choses, à la différence des tempéraments et des caractères de laquelle provient cette diversité dans la manière de voir et de sentir de chacun. Ce que nous pouvons affirmer, je crois, sans crainte de nous tromper, c'est que, sauf quelques exceptions assez rares, un individu considéré non à tel moment donné, mais dans sa vie entière, n'est jamais, quel qu'il soit et quelles que soient les apparences, ou si malheureux ou si heureux qu'il nous paraît l'être. Peut-être même les hommes diffèrent-ils moins entre eux sous le rapport du bonheur que sous tout autre.

Ce qui reste vrai, dans tous les cas, c'est que, pour sentir le bien et le mal comme tels, il faut en avoir le sentiment intime, la conscience; il faut pouvoir se rappeler le passé et, jusqu'à certain point, prévoir l'avenir ou du moins s'en préoccuper; il faut connaître, d'un côté, l'espérance ou la crainte d'un état à venir, agréable ou pénible, et de l'autre, la satisfaction ou le regret de ne plus éprouver une peine ou un bien-être qui n'est plus; en un mot, il faut penser.

Si maintenant nous considérions le bien et le mal en eux-mêmes ou dans leurs rapports mutuels, nous reconnaîtrions bientôt qu'ils naissent en quelque sorte l'un de l'autre. L'expérience prouve du moins que le bien n'engendre que trop souvent le mal; mais il est plus certain encore que le mal peut produire le bien, et de diverses façons, quoique peut-être moins immédiatement : de même que le bien a ses inconvénients, le mal a ses avantages, dont le premier, sans contredit, est d'être indispensable à notre conservation; car celui qui, par impossible, n'aurait jamais éprouvé ou ne pourrait se rappeler, et par suite ne craindrait aucun mal (crainte qui elle-même en est un et crainte très-salutaire pourtant), il ne se tiendrait pas sur ses gardes relativement, soit, par exemple, aux dérangements de sa santé, soit aux accidents de la vie extérieure, soit aux piéges que lui tendraient des méchants, et, livré à lui-même, il ne tarderait pas, dupe de sa confiance, d'en être aussi la victime.

On dira peut-être que, si le mal n'existait pas pour nous ou s'il ne pouvait nous atteindre, toute précaution pour l'éviter serait superflue. Sans doute; mais dans cette hypothèse, le bien n'existerait pas non plus, et la vie de l'homme, si elle était possible encore, ne se trouverait guère au-dessus de la vie des plantes. La faculté de penser dont il est doué, supposé même que le bien existe, mais existe seul, deviendrait pour ainsi dire sans objet, et dès lors son activité intellectuelle, faute d'aliments, périrait ou pourrait à peine s'exercer. Cette faculté ne serait donc pour lui qu'une très-légère prérogative, si même elle ne lui était pas plus désagréable qu'avantageuse, car elle ne saurait empêcher ni l'uniformité ou la monotonie de son existence, ni par suite l'ennui mortel, souvent pire que la douleur, qui naît de cette uniformité chez les êtres pensants, ennui qui précisément, en pareil cas, est en raison du degré d'intelligence.

D'après ces considérations, qu'il serait facile de pousser beaucoup plus loin en les détaillant, celui qui demanderait (pour tous et toujours) le bien seul, sans mélange de mal, voudrait évidemment une chose contradictoire, impossible. Le bien (*en général*) ne peut pas plus exister sans le mal ou celui-ci sans le premier, que des vallées sans montagnes ou des montagnes sans vallées. Ils sont réciproquement et nécessairement dépendants l'un de l'autre, outre qu'ils ont une source commune, la sensibilité. Nous pouvons en tirer cette conclusion, que l'origine du mal est en même temps et de la même manière l'origine du bien. Tous deux dérivent simplement de la nature des choses.

Quant à la doctrine de M. Vacherot, il serait bien difficile et je n'essayerai pas d'en déduire une conclusion formelle et définitive.

Bruxelles, le 15 novembre 1860.

EXTRAIT DES ESSAIS PHILOSOPHIQUES.

De la force.

Les physiciens pensent que la *force* d'un corps, ou la propriété en vertu de laquelle il change l'état de repos ou de mouvement d'un autre corps, est égale à sa *quantité de mouvement*, c'est-à-dire à sa masse multipliée par sa vitesse ; d'où il suit que la force d'un corps immobile est toujours égale à zéro.

Les corps à l'état de repos étant donc, suivant eux, dépourvus de toute force, quelques savants en ont justement conclu qu'ils ne peuvent *agir* en aucune manière sur les corps mobiles, et que leur résistance ou leur réaction n'est qu'apparente ; qu'elle consiste seulement en ce qu'il est impossible qu'un corps mobile communique à un autre une partie de sa vitesse sans la perdre lui-même ; qu'il y *répande* une portion de son mouvement sans rester lui-même privé d'une quantité de mouvement égale à celle qu'il a dépensée : quant à la cause de cette dépense forcée, on ne s'en inquiète guère.

« On sait, dit Haüy, qu'un corps dont l'état vient à changer par l'action d'une force étrangère ne se prête à cet effet qu'en altérant lui-même l'état de cette force, c'est-à-dire en lui enlevant une partie de son mouvement. On en a conclu que la persévérance d'un corps dans son état de repos ou de mouvement uniforme était elle-même l'effet d'une force réelle qui résidait dans ce corps ; et l'on a envisagé cette force tantôt comme une résistance, en ce qu'elle s'opposait à l'action de l'autre force pour changer l'état de ce corps, tantôt comme un effort, en ce qu'elle tendait à apporter du changement dans l'état de l'autre force.

» Le célèbre Laplace a proposé une manière plus nette et plus naturelle d'envisager l'inertie. Pour concevoir en quoi elle consiste, supposons un corps en mouvement qui rencontre un corps en repos : il lui communiquera une partie de son mouvement, en sorte que, si le premier a, par exemple, une masse double de celle du second, auquel cas sa masse sera les deux tiers de la somme des masses, la vitesse qu'il conservera sera aussi les deux tiers de celle qu'il avait d'abord ; et comme l'autre tiers qu'il a cédé au second corps se trouve répandu sur une masse une fois plus petite, les deux corps auront après le choc la même vitesse.

» L'effet de l'inertie se réduit donc à la communication que l'un des deux corps fait à l'autre d'une partie de son mouvement : et parce que ce dernier ne peut recevoir sans que le premier ne perde, on a attribué cette perte à une résistance exercée par le corps qui reçoit. Mais il en est ici à peu près du mouvement comme d'un fluide élastique contenu dans un vase avec lequel on mettrait en communication un autre vase qui serait vide ; ce fluide s'introduirait par sa force expansive dans le second vase, jusqu'à ce qu'il se trouvât distribué uniformément dans les capacités des deux vases : de même un corps qui en choque un autre ne fait, pour ainsi dire, autre chose que verser dans celui-ci une partie de son mouvement ; et il n'y a pas plus de raison pour supposer ici une résistance que dans l'exemple que nous venons de citer.

» Il est vrai que, quand on frappe avec la main un corps en repos, ou dont le mouvement est moins rapide que celui de cette main, on croit éprouver une résistance ; mais cette illusion provient de ce que l'effet est le même à l'égard de la main, que si elle était en repos et que ce fût le corps qui vint la frapper avec un mouvement en sens contraire. »

Rien n'est plus ingénieux que l'idée de Laplace ; mais il faut la prendre pour ce qu'elle est, c'est-à-dire pour une comparaison, et se garder de conclure, comme si le mouvement, qu'on a comparé à un fluide aériforme, était effectivement un fluide ou quelque chose de semblable, ayant une existence réelle et indépendante des corps qu'il anime . . . .

Puisqu'il ne nous est pas possible de connaître la vitesse réelle ou absolue des corps, nous ne pouvons pas calculer ce que l'on nomme leur quantité réelle de mouvement, qui est égale à leur masse multipliée par leur vitesse absolue. Nous sommes certains qu'il y a mouvement toutes les fois que deux corps s'écartent ou se rapprochent l'un de l'autre; mais tout ce que nous pouvons connaître, c'est leur vitesse respective. Si l'un des deux corps était en repos, et c'est ce que nous ignorons, la vitesse réelle de l'autre serait alors égale à cette vitesse respective, et sa quantité de mouvement, au produit de cette vitesse par sa masse. Or, en mécanique, où l'on ne considère que des repos et des mouvements relatifs, on rapporte tout à des points que l'on regarde comme fixes, quoiqu'ils ne le soient réellement pas; ainsi, ce que les mathématiciens appellent quantité de mouvement n'est encore que relatif, et celle d'un corps à l'égard d'un autre considéré comme fixe n'est rien de plus que sa masse multipliée par leur vitesse respective; de sorte que, si un corps, qui paraît en mouvement dans un espace relatif, était par le fait en repos dans l'espace absolu, sa quantité de mouvement relative serait égale à sa masse multipliée par la vitesse des corps que l'on regarderait comme fixes, et qui en réalité seraient en mouvement dans l'espace absolu.

Comment donc, d'une part, peut-on soutenir qu'un corps en repos, et qui ne l'est jamais qu'en apparence, n'exerce aucune action sur le corps mobile qui le choque; qu'il ne lui oppose aucune résistance, c'est-à-dire qu'il n'a aucune force pour changer son état de mouvement? car la résistance n'est ici que la force d'un corps en repos dans l'espace relatif, n'est que la puissance en vertu de laquelle un corps en apparence immobile fait perdre au corps qui le choque une partie de sa vitesse apparente et relative, ce qui est peut-être lui en communiquer une réelle en sens contraire.

Comment, d'une autre part, peut-on dire que la force d'un corps est, dans tous les cas, égale à sa quantité de mouvement, ou à sa masse multipliée par sa vitesse? Si l'on veut parler de la vitesse relative ou apparente, et nous n'en connaissons point d'autre, rien n'est plus absurde, puisqu'il résulterait de là que la force d'un corps dépendrait de la manière dont nous l'envisageons ou de l'état où nous nous trouvons par rapport à lui.

. . . .

Un homme va se frapper la tête contre un mur; il y répand tout le mouvement dont il était animé, ce qui lui cause une certaine douleur, tandis qu'il n'aurait rien senti s'il s'était arrêté volontairement ou qu'il eût perdu sa vitesse de toute autre manière; il croit donc éprouver une résistance. Il se trompe, dit-on, et cette *illusion* provient de ce que l'effet est le même que si cet homme était en repos et que ce fût la muraille qui l'eût frappé. Mais si l'effet est le même, comme je le crois aussi......, de quel droit conclut-on que la résistance de ce corps n'est qu'une illusion ? Pour moi, comme je sais pertinemment que les corps qui paraissent immobiles ne le sont réellement pas, j'en inférerais, avec plus de raison, que ce n'est pas la *résistance* des corps immobiles, mais, en effet, le *repos* des corps résistants, qui est une illusion. . . . .

On ne veut point qu'un corps en repos puisse résister à un corps en mouvement, et l'on prétend qu'un mobile perd une portion de sa vitesse de la même manière qu'un ballon de verre rempli d'un fluide élastique en perdrait une partie, si on le mettait en communication avec un autre ballon vide de toute matière. Comme celui-ci n'opposerait aucune résistance au premier, et recevrait, sans exercer d'action, d'une manière toute passive, le gaz que l'autre ballon lui transmettrait; on ne craint point de dire qu'*il n'y a pas plus de raison* pour supposer une résistance mécanique dans l'une de ces deux circonstances que dans l'autre : comme s'il y avait quelque chose de commun entre le *mouvement* ou la force d'un mobile et un *fluide aériforme;* entre le *repos* ou la résistance, ou la cause, quelle qu'elle soit, qui altère le mouvement et le *vide*. Du moins, on aurait dû ajouter que la force du corps mobile est une illusion comme la résistance du corps immobile, puisque le ballon plein d'air n'exercerait pas plus d'action mécanique sur le ballon vide que celui-ci sur le premier : c'est le fluide lui-même qui, par sa force expansive et sa tendance à se répandre uniformément dans l'espace, passerait en partie de l'un dans l'autre ballon.

D'ailleurs, si un corps ne perd son mouvement que parce qu'il le répand dans un autre, comment expliquera-t-on l'état d'équilibre de deux corps de même masse qui agissaient en sens contraire avec des vitesses égales ? Il n'y a plus ici de corps vides de mouvement, ou sans force. La comparaison dont il s'agit ne peut s'appliquer qu'au seul cas où l'un des corps serait effectivement en repos, et le repos n'existe pas ! . . . .

Je suis bien loin de prétendre que la résistance consiste dans un *effort* de la part du corps qui l'exerce pour arrêter le corps en mouvement ; ce serait admettre un fait inconciliable avec l'inertie [1]. Je dis seulement que les corps en repos agissent sur les corps en mouvement de la même manière que ceux-ci sur les premiers, quelle que soit cette manière d'agir ; et que la résistance dans les corps immobiles, supposé qu'il y en ait de tels, ne diffère point de ce qu'on appelle force dans les corps mobiles, qui ne font pas non plus d'*effort* pour mettre en mouvement les corps en repos.

Je dis aussi que la force d'un mobile n'est point absolue et indépendante des corps sur lesquels il agit, qu'elle ne peut point se calculer d'après sa masse et sa vitesse propres, et que la force *ou* la résistance de deux corps qui se choquent dépend toujours des masses de l'un et de l'autre, et de leur vitesse respective, quel que soit l'état de chacun d'eux ou le sens de leur mouvement, lorsque tous deux sont mobiles. Un corps isolé n'a ni force ni résistance... (T. II, p. 352.)

La force est, en général, la propriété par laquelle une substance, matérielle ou spirituelle, peut, n'importe de quelle manière, produire du mouvement ou une tendance au mouvement dans une autre ou dans elle-même si elle est composée de parties, et détruire un mouvement existant, en augmenter, en diminuer la vitesse, ou en changer la direction.

Ainsi la substance qui pense est douée d'une certaine force, et cette force est la volonté, puisque l'âme ou la substance qui pense, quelle que soit sa nature et n'importe comment, peut, en vertu de cette faculté, mouvoir le corps auquel elle est jointe, ou changer la direction et la vitesse de son mouvement actuel.

De même la pesanteur est une force, puisque la terre, en vertu de cette propriété, imprime le mouvement ou une tendance au

---

[1] Voyez le *Chapitre de l'inertie*, t. II, pp. 314 à 351.

mouvement à tous les corps placés à sa surface ou dans son voisinage.

Les diverses parties du corps humain et les parties de ces parties ont aussi, dans le même sens, parmi les propriétés qui les caractérisent, des forces particulières dont l'ensemble constitue sans doute la *force vitale*....

Les forces peuvent être considérées comme de différente nature, parce que, d'une part, les mouvements produits sont eux-mêmes de nature différente, et que, de l'autre, les substances agissent diversement, suivant leur nature, pour produire le mouvement; mais, néanmoins, elles rentrent toutes dans la définition claire et précise que j'ai donnée de la force en général. Le mot *force*, en dehors de cette définition, n'a plus aucun sens; il ne désigne que des êtres de raison ou des chimères dont on ne peut se faire aucune idée et que l'on ne saurait définir.....

Cependant, même en laissant à part l'attraction moléculaire et la pesanteur universelle, les physiciens..... donnent à ce mot *force* plusieurs significations différentes.

Quelquefois on l'emploie, mais par abus, pour désigner ce qu'en d'autres termes on appelle la *quantité de mouvement* d'un corps......

Souvent le mot *force* exprime ce qu'on appelle *cause du mouvement* (d'inertie), cause qui fait qu'un corps mis en mouvement par une première impulsion *continue* de se mouvoir, et sans laquelle on s'imagine que le corps rentrerait dans l'état de repos. La plupart des physiciens pensent que cette force est elle-même proportionnelle à la quantité de mouvement ou à la vitesse pour des masses égales. Au reste, cela est fort indifférent, car cette prétendue cause est un être tout à fait imaginaire..... Si les corps ne pouvaient continuer de se mouvoir que par une force quelconque, elle serait évidemment proportionnelle à leur vitesse réelle, que nous ne connaîtrons jamais.

La force proprement dite, la *force mécanique*, est la propriété par laquelle un corps qui en touche actuellement un autre lui enlève ou lui communique en sens contraire une certaine quantité de mouvement; et c'est, selon moi, cette quantité même qui en est la mesure, et non celle dont un mobile est actuellement animé. Car la force suppose toujours une relation entre deux substances et n'a rien d'absolu : elle ne peut donc se mesurer que par la grandeur de ses effets, c'est-à-dire par la quantité de mouvement qu'un corps enlève ou communique à un autre : or cette quantité, comme on peut le démontrer par le calcul, est toujours égale à *leur vitesse respective multipliée par le produit et divisée par la somme de leurs masses*.

Il faut remarquer que cette vitesse *respective* et cette quantité de mouvement sont tout à fait indépendantes du mouvement et du repos apparents des corps que l'on considère, ou de notre situation, de notre manière d'être à leur égard.

On prétend que la force d'un corps dans quelque sens que l'on prenne ce mot est *toujours* égale à sa masse multipliée par sa vitesse.

Cela serait formellement démenti par l'expérience si l'on jugeait, avec moi, de la force d'un corps par l'effet qu'il produit hors de lui, c'est-à-dire sur un autre corps, excepté dans quelques cas particuliers, d'après lesquels on a peut-être établi la règle générale. En effet, si, par exemple, une masse comme 4, animée d'une vitesse comme 3, avait la même force, à l'égard d'un corps immobile, qu'une masse comme 3 agissant avec une vitesse comme 4, elle devrait imprimer au corps soumis à son action la même vitesse que lui communiquerait cette dernière masse, et c'est ce qui n'est point. D'un autre côté, le corps immobile n'agira pas non plus de la même manière sur ces deux masses, bien qu'elles aient une égale quantité de mouvement, qu'elles aient même force à l'égard d'un obstacle invincible, et qu'elles se fassent équilibre en agissant l'une contre l'autre : ce qui résulte du principe même dont je viens de donner l'expression mathématique. Ainsi, quoique deux corps pourvus d'une égale quantité de mouvement aient même force l'un par rapport à l'autre, ils n'ont pas pour cela même force à l'égard d'un troisième ni en eux-mêmes.

La cause des changements d'état qu'éprouvent deux corps par leur choc mutuel, n'existe donc ni exclusivement dans l'un des deux, ni séparément dans l'un et dans l'autre. Ces changements n'ont qu'une cause commune, et cette cause, purement relative comme les effets qu'elle produit, se compose non de deux ou de quatre, mais de trois éléments dans tous les cas possibles, savoir, de la masse de chacun des corps choquants et de leur vitesse respective, à laquelle, quand l'un des corps est en repos, celui-ci contribue par son immobilité comme le corps en mouvement par sa vitesse propre; car si les deux corps agissaient avec la même vitesse dans le même sens, leur vitesse respective serait nulle, comme s'ils étaient l'un et l'autre en repos.

La quantité de mouvement que deux corps s'enlèvent ou se communiquent par leur choc direct est toujours égale de part et d'autre, soit que l'un des deux se trouve en repos, soit qu'ils se meuvent l'un et l'autre dans le même sens ou en sens contraire; et cette quantité de mouvement est la véritable mesure, du moins nous n'en connaissons point d'autre, de leur action réciproque, de leur choc mutuel, de la force ou de la résistance de chacun d'eux. . .
. . . .

La force d'impulsion n'est autre chose que le choc considéré comme la cause efficiente qui fait passer un corps d'un état à un autre. Si je transporte en idée cette cause dans le corps mobile, je l'appelle *force;* si je la transporte dans le corps immobile, je l'appelle *résistance.*

La résistance ne diffère donc de la force que par une simple circonstance; encore cette circonstance n'a-t-elle rien de réel, puisqu'il n'y a point de repos absolu dans la nature. Ainsi la force et la résistance ne sont qu'une seule et même chose sous deux noms différents. Toutes deux sont fondées sur l'impénétrabilité de la matière et sur le mouvement *respectif* des corps, qui est toujours tel qu'il nous paraît être, quel que soit l'état réel de chacun deux, et que nous ne connaissons point. . . . . (T. II, p. 360.)

« Il ne faut pas, dit Condillac, entreprendre de déterminer ce qu'on appelle la *force* d'un corps; c'est là le nom d'une chose dont nous n'avons point d'idée. » — Prenons acte de cette déclaration. — « ..... Quelle lumière pourrait être répandue sur nos observations par les vains efforts que nous ferions pour connaître cette force que nous regardons comme le principe du mouvement? Il n'y a qu'un seul cas où l'on puisse employer le mot *force*, c'est quand on considère un corps comme une force par rapport à un corps sur lequel il agit. Mais alors ce terme n'exprime pas le principe du mouvement; il indique seulement un phénomène. »..... La force considérée comme principe du mouvement actuel n'est qu'une chimère.

« Le mouvement d'un corps, dit-il, est un effet : il a donc une cause. Il est hors de doute que cette cause existe, quoique aucun de mes sens ne me la fasse apercevoir, et je la nomme *force*.

» Quoique j'ignore la nature du mouvement, je ne puis douter que le mouvement ne soit autre chose que le repos. Pour mouvoir, il faut donc produire un effet. Or tout effet demande une cause, et quoique cette cause soit d'une nature dont je n'ai point d'idée, je puis lui donner le nom de *force*; il suffit pour cela que je sois assuré de son existence. Si donc une force est nécessaire pour mouvoir un corps, ce n'est pas qu'il y ait dans un corps une force qui résiste, mais c'est que le mouvement est un effet à produire. »

L'argument de Condillac est évidemment fondé sur l'équivoque du mot *mouvoir*, qui est pris en deux sens différents, et qui signifie, d'une part, *faire passer un corps du repos au mouvement*, et de l'autre, *maintenir un corps dans l'état de mouvement*.

. . . .

...... Un corps ne pourra passer du repos au mouvement que par l'action d'une force telle que le choc ou l'impulsion d'un autre corps; et cette force, nous la connaissons parfaitement; tandis que, s'il fallait une force quelconque pour maintenir ce corps en mouvement, ou plutôt pour qu'il s'y maintînt de lui-même, cette force du moins serait d'une nature tout à fait inconnue, même incompréhensible, comme on paraît en convenir, en disant que nous n'en avons point d'idée; et non-seulement cela, mais encore elle ne pourrait être conçue ni comme nécessaire ni même comme possible, puisqu'il n'y aurait point ici de force contraire ou de résistance à vaincre, pas plus que d'*effet* continu à produire, le mouvement en lui-même n'étant qu'une simple *manière d'être*.

. . . .

Les anciens philosophes, ne comprenant pas qu'un corps en mouvement pût continuer de se mouvoir sans l'action d'une cause extérieure, parce qu'ils faisaient consister l'inertie dans une tendance au repos, ont placé cette cause motrice dans une matière subtile douée d'une sorte d'activité ou d'un mouvement spontané. Quelques-uns des modernes regardent cette prétendue cause du mouvement comme tout à fait immatérielle, et par là douée de sentiment et de volonté. La plupart de nos physiciens, sans s'exprimer sur la matérialité ou l'immatérialité de cet être imaginaire, qui n'est ni la vitesse ni la masse, n'ont pas laissé de l'adopter, en l'appelant du spécieux nom de *force*, tout en reconnaissant l'erreur des anciens sur l'inertie, ce qui les met en contradiction avec eux-mêmes.

Charles Bonnet, de Genève, en appliquant, comme le fait Condillac, au mouvement même, ce qui ne peut se dire que du passage du repos au mouvement ou d'une vitesse à une autre, raisonne à peu près comme lui, pour prouver qu'il y a, indépendamment de la masse et de la vitesse d'un corps, un troisième être qui constitue sa force, et *sans lequel il ne pourrait continuer de se mouvoir, quoiqu'il ne puisse de lui-même cesser de se mouvoir.*

« Non-seulement, dit-il, un corps est indifférent de sa nature à quelque situation que ce soit; il l'est encore au repos et au mouvement. Je suis très-assuré qu'aucun corps ne se met de lui-même en mouvement ni ne cesse de lui-même de se mouvoir. Ce n'est donc pas dans le corps lui-même ou dans sa propre nature que je dois chercher la cause du mouvement : il faut donc nécessairement que cette cause soit extérieure au corps et qu'elle ne soit point elle-même quelque chose de corporel : j'admets donc que le mouvement est l'effet d'une force immatérielle, qui s'applique au corps et agit en lui d'une manière qu'il m'est impossible de pénétrer. Cette impossibilité n'a pas de quoi me surprendre; car puisque le corps ne peut par lui-même se mouvoir, et qu'il doit son mouvement à un agent immatériel, il est bien dans ma nature..... que je ne puisse apercevoir cet agent..... »

Les corps en mouvement sont donc, de l'aveu formel de Bonnet, doués d'une âme immatérielle. Mais on aurait pu lui demander comment il concevait une âme qui est susceptible de tous les degrés d'intensité, qui est divisible à l'infini ; et ce que deviennent celles de deux corps mobiles qui, agissant en sens inverse, rentrent dans l'état de repos par leur choc mutuel.

. . . .

Qu'est-ce donc que cette prétendue *force*, cet être insaisissable que l'on admet gratuitement dans les corps mobiles, et qui, comme une petite âme fugitive, transitoire, divisible, passant de l'un dans l'autre, en tout ou en partie, les meut tour à tour, mais dont il est impossible de démontrer l'existence; qui ne se manifeste à aucun de nos sens; dont *nous n'avons aucune idée*, et ne connaissons même point la mesure; qui dépend, quant à son intensité et à son existence ultérieure, à son apparition dans un nouveau corps, d'un choc instantané, lequel ne pouvant pas produire le mouvement dans ce corps, c'est-à-dire lui faire parcourir un espace, quelque petit qu'il soit, appelle la force, cette âme coulante, qui produit et entretient un nouveau mouvement aux dépens du mobile qu'elle abandonne ; et finalement qui, n'existant pas dans les corps immobiles et ne pouvant pas non plus détruire le mouvement, car cela serait contradictoire, n'est point la cause de l'action réciproque des corps (laquelle ne serait qu'apparente)? Je l'ai déjà dit, c'est une chimère.

. . . . (T. IV, p. 59.)

Du dynamisme.

§ I.

Il ne s'agit pas ici de la science qui traite des forces mécaniques et du mouvement des corps, mais d'une hypothèse très-subtile que l'on voudrait substituer à la doctrine des atomistes pour expliquer les phénomènes de la nature.

Cette hypothèse consiste à considérer la matière comme un simple *phénomène* résultant d'une combinaison de *forces*, qui ne sont ici que des êtres de raison, absolument insaisissables.

Telle n'était pas précisément l'idée des premiers physiciens qui adoptèrent le système qu'on a appelé dynamique : ceux-ci ont continué à regarder la matière comme un être réel, comme une *substance*, mais comme une substance douée de certaines *forces* qui se combattent en elle, et le plus souvent se font équilibre.

« Il y a, dit le célèbre Oersted, deux forces opposées qui existent dans tous les corps, et qui ne peuvent jamais leur être entièrement enlevées. Chacune de ces forces a une action expansive et répulsive dans le milieu où elle domine ; mais elles s'attirent, et produisent une contraction lorsqu'elles réagissent l'un sur l'autre.

» L'action la plus libre de ces forces donne les phénomènes électriques. Ces forces peuvent être condensées, retenues dans un certain espace, et même rendues entièrement latentes, l'une par l'attraction de l'autre.

» C'est dans cet état où les forces sont trop latentes pour produire les phénomènes électriques, qu'elles constituent les propriétés chimiques des corps. La manière dont ces forces sont disposées, et l'état de cohésion et de conductibilité qui en provient, ainsi que le degré de prépondérance d'une des forces sur l'autre, forment les principales différences qui existent entre les corps.

» ..... Les forces chimiques sont au fond les mêmes que les forces électriques, seulement sous une autre forme d'activité........

» ..... Les lois de la propagation de l'électricité nous ont fait conjecturer que les deux actions (lumineuse et calorifique) consistent en une sorte d'oscillation dynamique; c'est-à-dire que la résistance du milieu produit d'abord une accumulation des forces opposées, dans chaque molécule, et puis un rétablissement d'équilibre. . . . .

» ..... Il est évident que, sauf quelques changements, les lois que nous venons d'exposer n'éprouveraient point d'atteinte, si l'on parvenait ou à ramener nos deux forces à deux formes différentes d'une seule activité, ou à prouver qu'elles dépendent de deux matières impondérables, ou si même on n'en devait admettre qu'une seule . . . .

» Les fondements du système que nous présentons ici ont été jetés par les découvertes électriques du dernier siècle. C'est des forces qui, dans leur liberté, échappent à tous nos réactifs chimiques, que nous avons fait la base de notre théorie, ce qui nous a donné lieu de l'appeler système dynamique. » (*Recherches sur l'identité des forces chimiques et électriques*, pp. 248 et suiv.)

Cette doctrine, il faut l'avouer, est un peu vague : il n'est pas facile de se représenter les forces dont il s'agit, ou d'attacher une idée nette, une idée quelconque à ce mot *force*, pris dans l'acception indéterminée qu'il paraît avoir ici : on ne voit pas trop la possibilité de fonder une théorie sur *des forces qui échappent à des réactifs chimiques* : on ne comprend guère surtout comment, dans un même corps, dans une *même* molécule, deux forces distinctes et *opposées* peuvent avoir, *l'une et l'autre*, une action répulsive, et néanmoins différer entre elles; ni comment ces forces répulsives peuvent ou se condenser, ou s'attirer réciproquement, bien qu'elles soient opposées. Si c'est la répulsion elle-même qui constitue la nature de ces forces, comment et en quoi peuvent-elles différer l'une de l'autre; et si elles ne diffèrent pas, comment les parties de chacune d'elles, en se repoussant mutuellement, peuvent-elles attirer celle de l'autre force, et contracter celle-ci? D'ailleurs, l'attraction n'est-elle pas aussi une force, et peut-on concevoir qu'une force (comme si elle était un être réel et distinct de la molécule matérielle) soit elle-même douée d'une autre force et d'une force toute contraire; qu'une force répulsive soit douée d'une force attractive, et que dans une seule et même molécule il y ait deux forces répulsives qui s'attirent, outre que cela ne fait pas connaître comment, et si en effet les molécules elles-mêmes s'attirent et se repoussent? Je confesse humblement que tout cela est de l'hébreu pour moi, et j'imagine que bien d'autres y trouveront les mêmes difficultés.

Que sera-ce donc quand, au lieu d'envisager la matière comme le *substratum* de ces forces, nous verrons Kant et le docteur Krause soutenir qu'elle n'en est elle-même que l'*effet* !

D'après un disciple de ce dernier [1], qui nous servira d'interprète, il paraît que Kant avait d'abord cherché à expliquer l'existence des corps, en n'admettant que deux forces, l'une attractive, l'autre répul-

---

[1] M. Ahrens. Voyez *Cours de phil.*, t. I, pp. 80 et suiv.

sive, qui, agissant ensemble dans un espace déterminé et se faisant équilibre, donnaient pour résultat ce que nous appelons un corps.

Or qu'y a-t-il dans cet espace qui s'attire et se repousse ? Chacune de ces forces, l'attraction par exemple, est-elle composée de parties, et une attraction attire-t-elle une autre attraction, ou, en d'autres termes, plusieurs centres d'activité s'attirent-ils les uns les autres ? Mais que peuvent être ces centres en eux-mêmes, et, s'ils s'attirent, comment chacun d'eux pourra-t-il être un centre de répulsion, et que repoussera-t-il ? Les centres de répulsion seront-ils distincts des centres d'attraction ? En quoi donc alors consistera l'action des deux forces l'une sur l'autre ? Y a-t-il dans un même espace deux forces antagonistes qui se pénètrent, ou n'y en a-t-il qu'une ayant deux caractères opposés ? Cela serait également et tout à la fois contradictoire et inintelligible. Ce qu'il y aurait de moins déraisonnable, peut-être, serait de supposer qu'il n'y a qu'une seule force, répulsive ou d'expansion, et que cette force est retenue dans l'espace qu'elle occupe par une force de même nature agissant en sens contraire, en dehors de cet espace : mais, admettant que cela puisse se concevoir, ces forces se faisant équilibre, et, par conséquent, ayant, si l'on peut ainsi dire, même densité, on pourrait demander pourquoi la force (ou le corps) que nous considérons est seule visible, tactile, résistante, solide ou liquide, tandis que la force ambiante, qui retient la première dans ses limites, est pour nous comme si elle n'était pas.

« Un espace (dit Kant) n'est pas rempli par une masse de matière brute, mais par une force en mouvement. Cette force est la force répulsive qui, en remplissant toutes les parties de l'espace, est en même temps la force expansive, qui ne laisse aucun intervalle vide. Mais comme la force expansive, existant seule, se perdrait à l'infini, et ne remplirait aucun espace déterminé, il faut admettre qu'elle est retenue par une force opposée, ou d'attraction, qui, en contractant toutes les parties de la force répulsive, la limite et la contraint à remplir un espace déterminé. Ces deux principes agissant ensemble produisent le phénomène que nous appelons matière, qui n'est que l'existence des deux forces dans leur état de balancement. » — « De cette manière, l'opinion qu'on avait autrefois sur la matière comme substance existant en soi se trouva détruite; ce qu'on avait considéré comme le *substratum* des forces se montra dès lors comme un mode de combinaison de forces opposées. »

Mais, encore une fois, quelle idée se faire de ces forces, qui, au lieu d'être des attributs de la matière ou d'une substance quelconque, engendrent elles-mêmes ce que nous appelons matière, en agissant l'une contre l'autre? Qui pourra concevoir qu'une force attractive agit contre une force répulsive? Comment une *force* a-t-elle des *parties*, et sur quoi s'exerce la force répulsive si ces parties s'attirent?

Comme la théorie de Kant, en n'admettant que des forces attractives et répulsives, ne pouvait pas expliquer les différences qualitatives de la matière, et bien moins encore la vie des êtres organisés, « nous devons, dit notre auteur, établir dans la nature trois ordres de forces différentes » (y compris la force vitale dont nous ne parlerons pas ici).

« Le premier ordre est constitué par les forces dites *attraction* et *répulsion*. Ces deux forces sont ordinairement appelées forces motrices ou mécaniques, parce qu'elles produisent tout mouvement..... Chaque corps se maintient dans sa spontanéité et son individualité par la force d'*expansion*, qui est en même temps la force *répulsive* en vertu de laquelle il cherche à éloigner tout ce qui lui est étranger. Dans l'attraction, les corps se montrent dans leur *réceptivité* réciproque; dans la répulsion, ils apparaissent dans leur *spontanéité*.

» Ces deux forces sont les forces qui constituent le mouvement; mais la rotation des corps célestes n'est pas encore expliquée par elles. Pour la concevoir, il faut admettre une troisième force qui, en équilibrant les deux forces opposées, les fait entrer dans le mouvement rotatoire.

» A cet ordre de forces, qu'on peut appeler en général le *procédé dynamique*, appartiennent aussi la lumière, la chaleur, le magnétisme et l'électricité, qui ne sont point des corps ou fluides particuliers, mais des coefficients des forces générales de l'attraction, répulsion et rotation.

» Un autre ordre de forces constitue le *procédé chimique*, dans lequel les corps produits par le procédé dynamique se composent et se décomposent d'après les lois déterminées de leur affinité. Toutes les forces du premier ordre se montrent dans celui-ci d'une manière particulière, mais ne suffisent pas pour l'expliquer. »

Avec ces deux ordres de forces (si même il y en a deux, l'affinité chimique n'étant qu'une force attractive), l'auteur, ou le philosophe dont il est l'interprète, s'imagine qu'on peut rendre raison de tous les phénomènes de la nature organique et de toutes les propriétés, ainsi que de l'existence même des corps. Je ne prendrai pas la peine de le réfuter, d'autant qu'il ne dit pas comment il conçoit que les choses se passent. Seulement je ferai remarquer qu'après avoir affirmé, un peu plus haut, que c'est le temps et l'espace combinés qui forment le mouvement, il avance ici que c'est l'attraction et la répulsion qui le constituent, et il disait tout à l'heure que c'est l'attraction et la répulsion qui le produisent. Selon lui, ces deux forces opposées, dans le corps des planètes, ne peuvent être équilibrées que par une troisième force (tout à fait imaginaire), qu'il lui plaît d'appeler force de rotation, laquelle fait en même temps circuler ces forces (ou les planètes) autour du soleil (ce que nous avons le tort d'attribuer à leur inertie et à la pesanteur solaire) : en sorte que, pour expliquer leur mouvement dans les orbites qu'elles décrivent (et qui sont toutes des ellipses plus ou moins excentriques, dont le soleil occupe un des foyers), on n'est pas obligé d'avoir recours à la loi fondamentale de la mécanique, à la loi si connue du parallélogramme des forces. Il affirme aussi, contrairement à l'expérience, qu'un corps cherche à éloigner de lui tout ce qui lui est étranger. Que répondre à tout cela, si ce n'est que l'auteur bat la campagne ?

Mais l'auteur, de son côté, traite d'extravagante l'hypothèse des atomes et du vide, admise par la presque totalité des physiciens, et sans laquelle, en effet, il ne paraît guère possible de faire aucun traité de physique raisonnable. Je me félicite donc d'être au nombre des extravagants qui, faute de mieux, car j'avoue d'ailleurs qu'elle est loin d'être complètement satisfaisante, adoptent cette hypothèse, qui du moins est aussi simple que féconde.

Quant aux forces dont il s'agit, elles ne sont, à mes yeux, que des abstractions, si elles ne sont pas des chimères ; ce qui n'empêcherait pas du reste que l'on ne pût fort bien les considérer en elles-mêmes, ou indépendamment des êtres réels auxquels elles appartiennent. Il en est de même des lois auxquelles elles sont soumises. Mais, comme des abstractions, de quelque nature qu'elles soient, ne sont point des corps, quelques métaphysiciens se sont appuyés sur de pareilles raisons, pour prouver que la matière ne diffère point de l'esprit ; et c'est aussi à quoi me semble aboutir le système de Krause, dont M. Cousin, comme on peut le voir dans le passage suivant, paraît avoir adopté l'opinion.

« Quel physicien, dit-il, depuis Euler [1], cherche autre chose dans la nature que des forces et des lois ? qui parle aujourd'hui d'atome ? et même les molécules, renouvelées des atomes, qui les donne pour autre chose qu'une hypothèse ? Si le fait est incontestable, si la physique moderne ne s'occupe plus que de forces et de lois, j'en conclus rigoureusement que la physique, qu'elle le sache ou qu'elle l'ignore, n'est pas matérialiste, et qu'elle s'est faite spiritualiste du jour où elle a rejeté toute autre méthode que l'observation et l'induction, lesquelles ne peuvent jamais conduire qu'à des forces et à des lois : or, *qu'y a-t-il de matériel dans des forces et dans des lois ?* Donc les sciences physiques sont entrées elles-mêmes dans la large route du spiritualisme bien entendu ; et elles n'ont plus qu'à y marcher d'un pas ferme, et à approfondir de plus en plus les forces et leurs lois, pour les généraliser davantage. Allons plus loin. Comme c'est une loi déjà reconnue de la même raison qui gouverne l'humanité et la nature, de rattacher toute cause finie et toute loi multiple, c'est-à-dire toute cause et toute loi phénoménale, à quelque chose d'absolu qui ne laisse plus rien à chercher au delà relativement à l'existence, c'est-à-dire à une *substance ;* cette loi rattache le monde extérieur, composé de forces et de lois, à une substance qui doit être une cause pour être le sujet des causes de ce monde, qui doit être une intelligence pour être le sujet de ces lois, une substance enfin qui doit être l'identité de l'activité et de l'intelligence. » (*Fragments phil.*, I, 73.)

[1] Depuis Euler ! Cela m'étonne beaucoup.

Il n'y a donc dans l'univers rien de matériel, par conséquent nulle distinction fondamentale entre l'esprit et ce que nous appelons la matière. Il n'y a que des forces et des lois, qui sont immatérielles, et dont le véritable sujet, ou la substance, est Dieu; en tant qu'il est étendu, sans doute, ou remplit tout l'espace, car la force peut exister partout et elle ne saurait être séparée de son sujet. Voilà ce qu'on appelle du spiritualisme *bien entendu*. Ce spiritualisme, du reste, concilierait deux opinions que nous avons combattues : 1° la matière, ou la *substance* des corps, c'est l'espace; 2° l'espace, c'est l'immensité de Dieu.

Qu'est-ce que la matière, selon Krause, ou du moins selon son disciple? C'est un *phénomène* résultant de l'exercice des forces de la nature, ou, pour mieux dire, de l'âme du monde, qui en est le véritable *substratum*. Il n'y a pas non plus ici de forces sans substance; mais n'importe, la matière n'est pas cette substance, n'est pas le *substratum* de ces forces; « elle n'est qu'un mode d'être des forces mêmes. » — « Elle n'est que la permanence des forces agissant dans l'espace. »

Un corps (quoiqu'il ne soit qu'un phénomène) est cependant composé d'éléments qui s'attirent, tout comme nos atomes : mais ces éléments ne sont eux-mêmes que les *effets* des forces.

Je demanderai donc, d'abord, comment un *élément*, s'il est véritablement simple, peut résulter d'une force ou attractive ou répulsive, qui suppose nécessairement plusieurs choses qui s'attirent ou se repoussent : en second lieu, comment il peut y avoir des éléments distincts, ou des parties d'éléments, et ainsi peut-être à l'infini, dans une force qui, par son expansion tendant à remplir l'espace sans laisser aucun vide, et contractée ou non par une force contraire, paraît bien devoir être *continue*, sans distinction de parties : en troisième lieu, pourquoi les éléments, dans chacun desquels on suppose que les forces attractive et répulsive sont en équilibre, s'attirent plutôt que de se repousser; et enfin, comment des *effets*, de simples phénomènes, élémentaires ou non, peuvent s'attirer les uns les autres? N'est-ce pas comme si l'on disait que plusieurs idées, plusieurs sensations, s'attirent réciproquement, en prenant cette expression à la lettre ?

Or c'est précisément ce que fait l'auteur; et cela par le plus étrange abus de langage, et en confondant des *phénomènes* qui *se succèdent*, dont chacun est la cause de celui qui le suit, avec des *êtres réels* qui *coexistent* et agissent *réciproquement* les uns sur les autres. « De même, dit-il, que l'aimant attire le fer, » — ce qui est réciproque, — « de même une pensée *attire* une autre pensée avec laquelle elle est en affinité. »

Puis il ajoute : « Ce que sont dans la nature les éléments simples, qui sont les effets des forces, les idées le sont dans l'esprit, qui sont aussi les produits des facultés; et de même que l'ensemble de ces éléments constitue ce qu'on appelle matière; de même l'ensemble des idées, soit passées et conservées par la mémoire, soit présentes, forme la *matière spirituelle :* mais de même qu'il serait absurde de faire consister cette matière spirituelle en molécules d'idée ou de faculté; de même il est contraire à la saine conception de la nature de la supposer divisée dans une infinité d'atomes. La nature est avant tout par *une* celui des attributs divins qui la caractérise. »

Ce qui, à mes yeux, est vraiment absurde, c'est cette comparaison même que l'on fait entre les éléments des corps et les idées. Car, en premier lieu, les éléments des corps, qui s'attirent réciproquement, sont eux-mêmes, suivant l'auteur, des produits de forces attractive et répulsive; tandis que les idées, quand même elles *s'attireraient* les unes les autres (pour former un agrégé spirituel ! *phénomène* encore, mais plus composé), supposent du moins des facultés fort différentes de l'attraction et de la répulsion : et ensuite, beaucoup d'idées ne sont point conservées par la mémoire, la plupart même, comme de véritables phénomènes qu'elles sont, s'évanouissent pour toujours et sont remplacées par des idées nouvelles; leur nombre peut s'accroître indéfiniment, mais leur existence est précaire, incertaine; toutes ont eu un commencement, toutes auront une fin : il en est de même de nos sensations, et de même encore des causes ou des phénomènes extérieurs qui les produisent, telles que les vibrations de l'air, celles de l'éther, etc.; au lieu que les éléments des corps, quoique dans une mutation continuelle et agissant diversement, sont inaltérables en eux-mêmes et éternels par essence. Il faut heurter de front l'expérience et le bon sens pour soutenir le contraire.

D'ailleurs, si la comparaison était exacte, ou si les faits supposés qu'elle rapproche étaient réels, il s'ensuivrait, avec la dernière évidence, que l'esprit individuel de l'homme ne serait pas plus une *substance* que son propre corps, ou, plus généralement, que la matière; l'un ne serait, comme l'autre, qu'un pur phénomène : et le *substratum* de ses facultés intellectuelles ne pourrait être que la nature, ou un esprit universel distingué de la nature ou de l'âme du monde, comme en effet l'auteur paraît l'admettre (d'autant plus qu'il ne reconnaît que trois êtres *réels;* Dieu, l'Esprit et l'Ame du monde).

En tout cas, puisque la nature est *une*, on ne voit pas comment il pourrait y avoir en elle des forces telles que l'attraction et la répulsion; car on ne peut pas dire d'une seule et même chose ni concevoir qu'elle s'attire ou se repousse.

Il faut donc, ou que la nature soit composée d'éléments et de corps, qui s'attirent ou se repoussent mutuellement, ou que de pures forces, préexistant à toute matière, peuvent agir les unes sur les autres. Mais dira-t-on qu'une attraction attire une attraction, qu'elle attire même une répulsion; qu'une répulsion repousse une répulsion, qu'elle se repousse elle-même, qu'elle repousse même l'attraction qui l'attire; ou enfin, que deux répulsions s'attirent réciproquement, que deux attractions se repoussent? Cela n'aurait aucun sens, bien que ce soit là, à ce qu'il semble, l'opinion de Kant: d'ailleurs, toutes ces attractions et répulsions, quelle que soit la manière dont on les conçoive, si on les peut concevoir, supposeraient toujours, sinon des points physiques, du moins des centres d'action les uns hors des autres : ainsi la nature serait avant tout divisée et non pas *une*. Comment sortir de cette difficulté?

A proprement parler, dira-t-on peut-être, c'est l'âme du monde qui est *une*, et non la nature, qui n'en est qu'une manifestation, en tant qu'elle est l'assemblage de tous les êtres matériels. Mais cela ne nous avancera guère; car je ne concevrai pas mieux des attractions et des répulsions dans l'âme du monde que dans la nature considérée elle-même comme un être individuel.

L'auteur avoue que « l'on ne peut pas concevoir des forces, abstraction faite de l'être auquel elles sont inhérentes. » Cet être existait donc lui-même, ou il peut être conçu comme ayant existé, non avant l'activité, ou les forces qui constituent son essence, mais avant l'exercice de ces forces, avant les éléments qu'elles ont créés.

Or cet être, c'est la nature, qui est *une*, qui est l'âme du monde quand on la considère indépendamment des corps, qui n'en sont que des produits, des manifestations; qui était une *avant tout*, c'est-à-dire avant qu'elle eût des parties distinctes qui sont son ouvrage.

Mais là précisément est la difficulté; car, en vain l'on nous dit que « la nature est un être animé et vivant dans toutes ses parties; qu'elle est partout force et activité » : si ces parties, qui ne peuvent être que les corps et leurs éléments, résultent elles-mêmes de l'exercice de ces forces, et si la nature est une avant tout, elle ne peut pas être douée de forces qui supposent nécessairement une relation entre plusieurs êtres, entre plusieurs parties du même être, plusieurs éléments, plusieurs atomes, étendus ou sans étendue, mais préexistant à toute action, à tout phénomène.

Le système dynamique, du moins tel que le concevaient Kant et le docteur Krause, implique donc évidemment contradiction ou nous fait tourner dans un cercle logique dont il est impossible de sortir; et la doctrine d'Oersted n'est guère plus satisfaisante : à moins qu'on ne la regarde que comme une simple formule physico-mathématique, dans laquelle on abstrait la force du sujet auquel elle est inhérente, sans nier l'existence de celui-ci comme tel, comme substance en soi.

§ II.

Il faut donc en revenir à la doctrine du vide et des atomes, de l'inertie de la matière, des fluides impondérables, etc., quoique notre auteur prétende qu'elle est très-absurde et n'est point fondée sur l'expérience.

Selon lui « cette doctrine ne saurait reconnaître une différence réelle dans les divers objets naturels ; car comme tous ne sont que des composés d'atomes, et comme les atomes sont d'une matière identique, il ne peut y avoir, dit-il, de différence spécifique ou qualitative entre eux. »

Cet argument pourrait être rétorqué avec avantage contre le dynamisme, et c'est alors qu'il aurait une valeur bien réelle : car quelle différence de nature, quelle différence essentielle peut-on concevoir entre une attraction et une attraction, entre une répulsion et une répulsion ? On comprend très-bien comment, par exemple, il pourrait y avoir répulsion entre les molécules de tel fluide, et répulsion encore entre celles d'un fluide tout différent, ainsi qu'on le suppose, quoique à tort peut-être, dans l'explication des phénomènes électriques ; mais il est impossible d'imaginer aucune différence de nature entre deux répulsions, même quand elles seraient plus ou moins *contractées* par l'attraction. L'auteur observe lui-même que, par les deux forces attractive et répulsive, on ne peut pas expliquer les différences qualitatives des corps : c'est pourquoi il en ajoute une troisième, à savoir, une prétendue *force* de rotation, qui est tout à fait chimérique, outre qu'elle ne sert de rien ; car avec ces trois forces il est impossible de rendre raison d'aucun phénomène en particulier, ni d'aucune propriété, quelle qu'elle soit.

La doctrine atomistique est, au contraire, la seule d'après laquelle on puisse expliquer d'une manière satisfaisante les propriétés les plus générales des corps, plusieurs de leurs qualités distinctives, et un très-grand nombre de phénomènes ; quoique le plus grand nombre peut-être restent inexplicables dans cette hypothèse, comme dans toute autre.

Les atomes sont d'une matière identique; mais ils diffèrent les uns des autres par le volume et la figure. Et je défie, d'une part, qu'on puisse imaginer entre eux d'autres différences essentielles que celles-là, et, de l'autre, que sans elles on puisse concevoir aucune différence dans les qualités des corps.

Ces atomes, considérés dans leurs relations, ont deux autres propriétés fondamentales : la mobilité, en vertu de laquelle ils peuvent, sous l'influence d'une cause quelconque, se mouvoir, changer de situation les uns à l'égard des autres; et l'attraction, ou l'affinité, par laquelle ils tendent à se rapprocher, et s'unissent quand les circonstances le permettent.

A la vérité, plusieurs physiciens ont cherché à expliquer cette tendance, vraie ou apparente, d'une manière toute mécanique : mais d'autres ont regardé l'attraction, la pesanteur terrestre, la force de cohésion, l'affinité chimique, qui ne sont vraisemblablement que différentes modifications d'une même force, comme une propriété intrinsèque de la matière; tous avouent, d'ailleurs, que les corps et les particules dont ils sont formés, se comportent comme si, en effet, ils s'attiraient mutuellement : et en tout cas, rien ne nous empêche, tout en admettant des atomes étendus, figurés, insécables, de les supposer doués de telle activité, de telle force que l'on voudra; d'autant mieux que cela n'a rien de contraire à la vraie notion de l'inertie, que l'on peut toujours envisager comme un état d'équilibre entre des forces opposées (quoique nulles en réalité de part et d'autre), soit dans les corps en repos, soit dans ceux qui se meuvent sans changer de direction ni de vitesse. Alors nous n'aurons pas du moins des attractions, des forces en l'air, ni des mouvements sans corps mobiles; mais nous aurons des corps qui s'attirent, qui tendent à se mouvoir ou qui se meuvent actuellement : soit d'un mouvement rectiligne uniforme, en vertu même de leur inertie et d'une première impulsion; soit d'un mouvement accéléré, retardé, curviligne, en vertu ou de leur attraction, ou d'une suite de chocs, d'impulsions mécaniques, ou de ces forces combinées entre elles et avec l'inertie, propriété négative, mais sans laquelle on ne peut rien expliquer.

Comme les corps se dilatent par la chaleur et se condensent par le froid, qu'ils peuvent même être étendus ou comprimés jusqu'à un certain point par des moyens mécaniques; enfin, comme ils se laissent quelquefois traverser par divers fluides, ou qu'ils se combinent entre eux sans augmenter proportionnellement de volume; on suppose, avec raison, que les molécules dont ils se composent sont tenues à distance par une force répulsive, qu'on attribue généralement (ne pouvant pas admettre qu'elle soit antérieure à l'existence de la matière) à un fluide particulier (appelé calorique), dont les molécules, impondérables, se repoussent les unes les autres, ou bien oscillent perpétuellement entre les particules des corps.

Mais pourquoi, sous la même température, les deux forces attractive et répulsive considérées dans des corps de nature diverse, sont-elles dans des rapports différents? C'est que la force répulsive est relativement d'autant plus grande, que la force attractive est plus faible, et que celle-ci, quant à son intensité, est modifiée par le volume et la figure des atomes.

Les partisans du système dynamique ne donnent point la raison des différences qui existent dans l'intensité de ces forces; et en tout cas, avec ces seules différences d'intensité dans les deux forces attractive et répulsive, comment concevoir tant de variété dans les propriétés des corps, si un corps n'est pas autre chose qu'une force répulsive plus ou moins contractée par une force attractive, et s'il en est de même de ses éléments?

Il est vrai que notre philosophe admet en outre : d'abord des forces chimiques, mais sans dire ce qui les constitue, ce qui les différencie les unes des autres, et des forces attractives ou répulsives en tant qu'elles unissent ou désunissent les éléments; et ensuite une force de rotation, mais sans faire connaître davantage en quoi elle consiste : si c'était une force qui fît tourner les parties élémentaires autour de leur centre, on ne pourrait pas expliquer par là le mouvement des planètes dans leurs orbites, ni les mouvements verticaux, retardés ou accélérés, suivant qu'ils sont ascendants ou descendants, ni bien d'autres choses encore; et si, comme il le semble, il s'agit d'une force qui, *à elle seule*, ferait mouvoir un corps autour d'un autre, une planète autour du soleil, une telle force ne pourrait en rien contribuer aux différences qualitatives des corps.

« L'hypothèse atomistique, dit-il, est forcée d'admettre le mouvement, sans lequel elle ne pourrait faire un seul pas. Or le mouvement atteste déjà l'existence d'une force qui doit avoir une cause quelconque, qui n'est pas elle : donc tout n'est pas atome et vide. Cependant l'atomisme, tout en admettant le mouvement, ne le considère pas comme inhérent au corps, mais comme lui étant communiqué du dehors; les corps célestes, après avoir reçu une impulsion au commencement, suivent continuellement, d'après la loi d'inertie (autre supposition), l'impulsion qui leur a été communiquée. La première impulsion donnée, on ne sait par quoi, est une hypothèse d'autant plus malheureuse qu'elle n'explique rien : car, pour concevoir le mouvement de rotation, il faut supposer encore une force contraire qui, inhérente au corps comme force d'attraction, détourne continuellement, comme dit la science physique, les corps subordonnés de la route donnée par la première impulsion, et les force à décrire dans leur marche une ligne circulaire. »

Cette critique, il faut en convenir, présente de singuliers motifs pour nier l'existence des atomes et du vide. Nous accordons sans peine qu'avec la seule inertie on ne pourrait rien expliquer, pas plus qu'avec l'attraction toute seule, qui, par exemple, n'explique point l'accélération du mouvement des graves. Mais avec l'attraction et l'inertie, qui du reste ne sont point des forces contraires, on explique très-bien le mouvement de révolution des planètes, qui est un mouvement composé, toujours ou accéléré ou retardé, jamais uniforme; toujours elliptique, jamais circulaire. Et certes, ce ne serait point *expliquer* ce mouvement, qui varie d'une planète à l'autre, qui varie, pour chaque planète, dans chacun des points de son orbite, en disant que ces corps se meuvent ainsi, parce qu'ils obéissent à une force de rotation (attribut de l'âme du monde ou de la nature personnifiée) qui les fait mouvoir de cette manière. Nous ignorons, il est vrai, l'origine du mouvement de projection des planètes et des comètes; nous ne saurions dire par quoi ou par qui elles ont reçu, ni même si elles ont jamais reçu une *première* impulsion. On a fait à ce sujet diverses hypothèses ou conjectures, et l'on ne pouvait rien faire de plus; mais cette force de rotation qui produit le mouvement de révolution est-elle autre chose qu'une hypothèse, et une hypothèse absurde, qui tranche la difficulté sans la résoudre, et qui atteste une ignorance profonde des notions les plus élémentaires de la physique, des lois les plus simples de la nature et de celles du sens commun ?

En prenant leur point de départ dans l'observation, et s'appuyant sur l'analogie et sur la nécessité d'admettre certains faits pour expliquer les autres, les physiciens concluent fort bien de l'existence des corps et de leurs propriétés, à l'existence des atomes : et de ce que plusieurs d'entre eux ont regardé l'attraction comme l'*effet* d'une impulsion mécanique, en niant qu'elle fût une propriété de la matière, de sorte qu'en définitive il n'y aurait encore ici que des atomes poussés par d'autres atomes, ce qui du reste n'est pas absolument impossible, puisque les phénomènes astronomiques s'expliquent également bien d'après cette hypothèse; ce n'était pas une raison pour donner dans un excès contraire, en n'admettant que de pures forces, comme choses existant en soi, ou comme attributs d'un être préexistant à la matière, et niant la réalité de celle-ci, comme *substratum* de ces mêmes forces.

Tandis que le sens commun, le raisonnement et la considération de certains faits, à commencer par l'attraction elle-même, démontrent suffisamment que la matière n'est pas, *physiquement*, divisible à l'infini; l'expérience prouve avant tout que la matière existe (n'importe à quel titre), et qu'elle est divisible : d'où il suit que les corps sont formés d'un nombre déterminé ou fini de points, ou d'éléments indivisibles. L'expérience prouve encore qu'il existe des forces mécaniques, ou d'impulsion, qui supposent une résistance dans la matière. Elle prouve, enfin, que les corps et leurs éléments agissent *comme* s'ils s'attiraient ou se repoussaient, suivant les circonstances, et qu'ainsi il y a ou *paraît* y avoir des forces attractives et répulsives; ce qui, dans tous les cas, implique nécessairement l'existence de choses très-réelles ou substantielles, qui s'attirent ou qui *semblent* s'attirer ou se repousser mutuellement. Mais où est l'expérience qui fait voir, qui démontre, que l'existence du mouvement est antérieure à celle des corps mobiles, que les forces d'attraction, de répulsion et de rotation préexistaient à la matière, et que la matière n'est qu'un *phénomène* produit par ces forces en mouvement?

Quant à l'inertie, que l'auteur regarde comme une supposition gratuite, elle est directement un résultat d'expérience; et il serait contraire non-seulement à l'expérience, mais au sens commun, que la matière ne fût pas inerte, dans le sens que nous attachons à ce mot.

Que les atomes de la matière jouissent d'une activité propre, je le veux bien; j'accorderai même, si on le demande, qu'ils sont pourvus d'intelligence et de volonté, car cela n'est ici d'aucune conséquence. Mais un corps *isolé*, dans lequel il peut y avoir d'ailleurs toutes sortes d'actions internes, ou un simple atome, considéré en dehors de toutes ses relations avec les autres corps, avec les autres atomes, conserverait nécessairement l'état de repos ou de mouvement dans lequel il se trouverait : c'est-à-dire que, s'il était en repos, il n'entrerait point en mouvement, puisqu'il n'y aurait ni en lui ni hors de lui aucun motif pour qu'il prît telle vitesse et telle direction plutôt que toute autre; et, par la même raison, s'il était en mouvement, il conserverait toujours une même direction, et ne changerait point sa vitesse pour une autre, plus grande ou plus petite, par conséquent ne rentrerait point dans l'état de repos. Or c'est en cela seul que consiste l'inertie. Ainsi l'on peut demander si la matière est passive; on ne peut pas douter qu'elle ne soit inerte.

Cette propriété négative n'est donc pas inconciliable avec l'activité des atomes, ou du moins avec l'attraction considérée comme une propriété intrinsèque de la matière. Elle l'est bien moins encore avec le mouvement, puisque c'est du mouvement lui-même et de la communication du mouvement, ou plus généralement de la manière dont les corps se comportent dans les différentes circonstances où nous les observons, que l'on conclut qu'ils sont inertes. Il y a plus, c'est que sans l'inertie le mouvement lui-même ne serait pas possible : car si un corps ne conservait pas, en vertu de son inertie, au moins pendant un instant comme infiniment petit, le mouvement qui lui a été communiqué, il n'y aurait jamais, en réalité, aucun mouvement de produit. C'est à l'inertie elle-même envisagée sous ce point de vue, qu'on a donné le nom de *mobilité* (possibilité d'être mu).

Cette propriété, dans laquelle existent en puissance tous les degrés de vitesse, ou, pour mieux dire, tous les *changements* de vitesse et de direction, en un mot, tous les phénomènes de mouvement; cette propriété passive ne peut se manifester, ces phénomènes ne peuvent passer de la puissance à l'acte, que par une cause efficiente ou productrice; et il en est ainsi de tous les phénomènes imaginables. Mais, de même, par exemple, que nos sensations, qui existent en puissance, ou virtuellement, dans notre sensibilité, ne nous viennent point toutes faites du dehors, quoiqu'elles aient leurs causes efficientes dans les objets extérieurs, ou plutôt dans leur action sur nos sens; de même le mouvement actuel d'un corps qui se trouvait précédemment en repos ne lui a pas été, rigoureusement parlant, *transmis* par une force extérieure, bien qu'il ait eu sa cause productrice dans l'action de cette force. Ou il faudrait dire aussi que le repos d'un corps qui se trouvait d'abord en mouvement lui est venu du dehors, lui a été donné soit par un obstacle invincible, soit par un autre mobile qui agissait en sens contraire : car s'il faut une force mécanique pour faire passer un corps du repos au mouvement, il en faut une aussi pour faire passer un corps du mouvement au repos. Ce serait donc une erreur de penser que le mouvement passe réellement, comme un fluide, d'un corps dans un autre.

Une erreur plus grave encore, et en elle-même et par ses conséquences philosophiques, c'est de s'imaginer qu'un corps qui se meut sans obstacle dans un milieu non résistant, par suite d'une première, d'une seule impulsion, et en vertu de son inertie, ne peut toutefois *continuer* de se mouvoir que par une force continue et présente. Il n'y a pas plus de force, en ce cas, dans un corps en mouvement, qu'il n'y en a dans un corps immobile. Le mouvement actuel d'un corps attesterait donc tout au plus l'existence antérieure d'une force mécanique, qui aurait fait passer ce corps du repos au mouvement, ou d'une vitesse à une autre. Mais cette force, les atomistes ne la nient point, et certes elle est loin d'être incompatible avec leur doctrine : car elle est fondée sur l'impénétrabilité des atomes et sur le mouvement, qui lui-même suppose l'inertie.

Nous conviendrons avec l'auteur, qu'on ne saurait expliquer par la seule inertie le mouvement de révolution des planètes, qui est évidemment, comme les oscillations d'un pendule (qu'on n'expliquera pas non plus par une force de rotation), un mouvement composé; ce qui nous fait admettre que ces grands corps, par une force d'attraction, pèsent sur le soleil, comme les corps placés à la surface ou dans le voisinage de la terre pèsent sur cette planète; et qu'il en est de leurs orbites comme de la courbe décrite par un caillou lancé obliquement sur la terre, lequel obéit tout à la fois à une première impulsion, en vertu de son inertie, et à la pesanteur terrestre. Mais cela n'a rien de contraire à l'atomisme : et de ce que les corps s'attirent réciproquement, comme de ce qu'ils sont mobiles, on ne peut certainement pas conclure qu'ils ne sont point inertes, qu'ils ne sont point composés d'atomes, qu'il n'y a point de vide, et, bien moins encore, que la matière n'est qu'un pur phénomène. (T. IV, p. 83.)

P. S. — En lisant cette petite dissertation sur de dynamisme, il est facile de s'apercevoir, on peut conjecturer du moins, que M. Vacherot, M. Tiberghien et peut-être aussi M. Cousin, se sont infatués et prévalus de la mauvaise physique de M. Ahrens. Celui-ci, après avoir fait à Paris, sur la proposition et comme suppléant de M. Cousin, un cours de philosophie, a été professeur en titre à Bruxelles et le maître de M. Tiberghien, devenu, d'après lui, un des plus zélés partisans du docteur Krauze. M. Ahrens est avantageusement connu par de très-bons ouvrages sur la philosophie du droit; mais en physique il n'est pas fort, et, comme métaphysicien, je le crois très-inférieur à l'auteur éminent de *La métaphysique et la science,* lequel s'était acquis d'ailleurs une juste célébrité par d'autres productions du même genre.

A tort ou à raison, M. Vacherot donne pour une conclusion du livre précité ses deux derniers chapitres, ceux précisément dont certains passages ont été l'objet de ma critique. Ces deux chapitres sans doute sont l'expression fidèle d'une doctrine qu'il professe, mais sans être, me paraît-il, une conséquence nécessaire de son livre, qui, dans tous les cas, s'il les en avait retranchés, n'en vaudrait peut-être que mieux. Ils contiennent cependant une théorie fort séduisante (comme théorie, bien entendu). Les faits y sont présentés d'une manière très-générale, ce qui permet toujours de donner au style plus de charme et de noblesse, mais trop souvent éblouit sans éclairer; et malheur à l'hypothèse, quelque brillante qu'elle soit, qui ne résiste pas à l'épreuve des détails! Ce n'est pourtant pas qu'ils y soient épargnés; mais, dans cette conclusion du moins, ils ne sont pas toujours ceux que la science pourrait faire valoir. L'ouvrage tout entier est une suite d'entretiens, ou de dialogues entre un métaphysicien et un savant, ou plutôt un autre philosophe, auquel M. Vacherot prête toutes les objections qu'il s'était faites, et qu'il réfute aisément avec autant d'esprit que de savoir. En somme, c'est un travail extrêmement remarquable, rempli de leçons utiles et (sauf la conclusion) de détails variés, non moins intéressants qu'instructifs et souvent admirables. Sans contredit, l'auteur est non-seulement un excellent écrivain, mais encore un très-grand maître en philosophie et surtout un métaphysicien de premier ordre.

FIN.

www.ingramcontent.com/pod-product-compliance
Lightning Source LLC
Chambersburg PA
CBHW060158100426
42744CB00007B/1079